Lieber Bergfreund!

Dieses Buch widmet Dir

Mit den besten Wünschen für ein prächtiges Bergjahr 2004

Weihnachten 2003

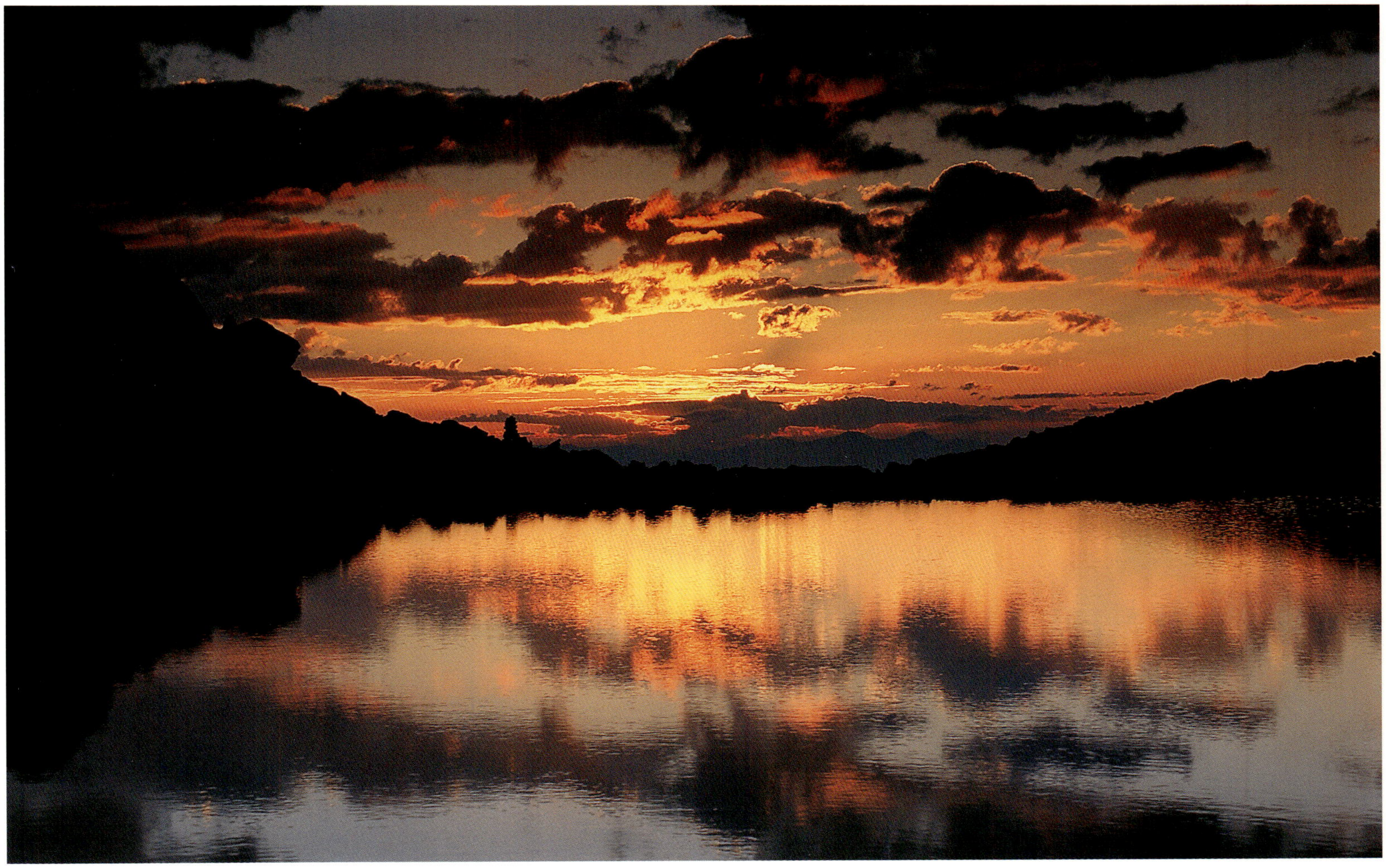

»Jeder Tag draußen ist ein kostbares Geschenk«

Heinz Zak

Heinz Zak

# Stubaier Alpen

Mit Texten von

Walter Klier
Hias Rebitsch
Andreas Orgler
Elmar Sprenger
Bischof Reinhold Stecher
Heinz Zak

Bergverlag Rother

Seite 1: Sonnenaufgang am Rinnensee in den Alpeiner Bergen

Seite 2: Nach diesem Sonnenuntergang biwakierte ich bei minus 25 Grad Celsius am Gipfel des Lisenser Fernerkogel, Blick vom Gipfel nach Osten bis hin zu den Zillertaler Alpen.

Unten: Eissee am Simmingjöchl, Blick auf die Ruderhofspitze

# Inhalt

17 Heinz Zak
Die Qualität der Zeit

27 Walter Klier
Aus der Geschichte der Stubaier Alpen

41 Walter Klier
Kaiser Max bis Herta Maier –
alpine Geschichte und Geschichten

61 Hias Rebitsch
In der Goldkappl Südwand

67 Heinz Zak
Zufällig überlebt

77 Andreas Orgler
Der Flug der Zeit

93 Elmar Sprenger
Fliegende Eiszapfen im Pinnistal

103 Heinz Zak
23 Gipfel in 2 Tagen –
Winterüberschreitung der Kalkkögel

107 Heinz Zak
Lange Skitourenwinter

119 Heinz Zak
Stubaier Höhenweg

131 Bischof Reinhold Stecher
Die Weite

137 Heinz Zak
Klettersteige mit Rundum-Panorama

153 Heinz Zak
Zauber einer Vollmondnacht

166 Information

»Außerirdischer« im Sandessee bei der italienischen Tribulaunhütte

Götterdämmerung über dem
Zuckerhütl

Sonnenaufgang über dem
Wilden Freiger

Linke Seite: Stein mit Flechten in den Alpeiner Bergen

Unten: Bunte Felsen am Windacher Daunkogel,
Westlicher Hauptkamm

Die Berghänge rings um den Großen Schwarzsee über der Timmelsalm sind im Juli übersät mit einem Blumenmeer; Margeriten unterhalb des Botzer.

Die Spinnwebige Hauswurz ist ein seltener Gast
in den Stubaier Bergen. Größere Polster finden
sich nahe dem Timmelsjoch.

Der Grawawasserfall im Hinteren
Stubaital ist gewiss der schönste
Wasserfall in den Stubaier Alpen.

Unten: Über den Feuersteinen hängt die für diese Gegend berühmte »Föhnwalze«.

Rechts: Pflerscher Tribulaun, dahinter der Habicht

Heinz Zak am Gipfel des Zuckerhütl

Heinz Zak

# Die Qualität der Zeit

»Es ist Nacht.
Weiterzugehen hätte nicht viel Sinn.
Auf einem abschüssigen Tiefschneehang treten wir den Schnee etwas fest und breiten den Biwaksack darüber. Nachdem wir es uns im Schlafsack gemütlich gemacht haben, kochen wir Suppe. Lästig ist der Wind. Über den Grat weht es andauernd feinen Schnee, der sich dann bei uns absetzt. Später kochen wir Tee, der den Suppengeschmack annimmt und grauslig schmeckt.

Ich habe sehr viel Zeit zum Nachdenken, denn ich kann nicht schlafen. Blöderweise beginnt es auch noch zu schneien und bald bin ich trotz Schlafsack nass bis auf die Knochen. Ich halte es kaum noch aus in dem feuchten, nach Schweiß riechenden Sack. Hans Jörg beruhigt mich wieder, als ich um zwei Uhr nachts aufbrechen will.

Unendlich langsam vergeht die Zeit! Von erhebenden Gedanken ist jetzt keine Spur mehr. Um sieben Uhr, nach 14 Stunden Biwak, können wir aufbrechen. Meine Schuhe hatte ich im Rucksack – sie sind steif gefroren. Sie wollen einfach nicht warm werden. Der Kocher ist auch nicht mehr einsatzfähig, weil die Zündhölzer nass geworden sind. Fast eine Stunde ist mir andauernd an den Füßen zu kalt. Durch düsteres Grau spuren wir nach Überwindung einer schweren Abkletterstelle auf den nächsten Gipfel. Es schneit. Am Grat wühlen wir uns weiter. Es wird immer anstrengender, der Schnee immer tiefer, die Blöcke immer größer und glatter, die trügerischen Hohlräume immer gefährlicher.«

(Tourenbuch, 22. bis 23. Dezember 1979)

Von meiner ersten großen Winterüberschreitung, der Hundstal-Umrahmung in den Sellrainer Bergen mit Hans Jörg Leis, ist mir die lange Biwaknacht am deutlichsten in Erinnerung: 14 Stunden festgenagelt, durchnässt, durchgefroren, die Zeit verdammend!

Viel Zeit ist inzwischen vergangen und ich denke darüber nach, was für mich die Arbeit an dem Buch »Stubaier Alpen« bedeutet hat. Das Resümee ist: Die Zeit, die ich an einem schönen Platz sein darf, ist unendlich kostbar. Es geht mir nicht darum, sie in Tage, Stunden oder Minuten einzuteilen. Ich bin hineingewachsen in eine Zeitlosigkeit, die ich vorher nicht gekannt hatte. Frei von Zeit, von sozialem Umfeld, von Plänen, Pflichten oder Träumen. Ich musste es nicht lernen, musste mich nicht dazu überreden oder dazu zwingen. Ich bin einfach da, bleibe irgendwo sitzen oder verbringe einen ganzen Tag lang an einem Wasserfall.

Das eröffnet mir eine Erlebniswelt, die mich magisch anzieht und die nicht abhängig ist von wunderbaren Stimmungen für besondere Fotomotive. »Jeder Tag draußen ist ein kostbares Geschenk« schrieb ich schon 1990 als persönliche Widmung in mein Karwendelbuch. 13 Jahre später darf ich das Gleiche, aber mit noch viel mehr Wertschätzung, wieder sagen. Die Stubaier Alpen haben mich mit all ihren vielfältigen Reizen in ihren Bann gezogen. Ich durfte sie spüren und sehen, die bunten Steine am Windacher Daunkogel, die verschobenen Gesteinsschichten am Hohen Nebelkogel, die Herzen der brachliegenden Gletscher, das Innenleben eines Gletschertunnels oder einer tiefen Gletscherspalte, die wunderbare Farbenwelt der Flechten, die unendlich großen Blumenwiesen am Schwarzsee.

*Grawawasserfall im Stubaital*

Wasser hat eine besondere Bedeutung für mich. Das Glitzern in den kleinen Bergbächen und Wasserfällen zieht mich ebenso an wie die ruhigen Wasserspiegel der zahllosen Bergseen. Meine Touren waren oftmals nicht auf Gipfel ausgerichtet, sondern auf Bächlein und Seen, die Gipfel waren unbedeutend oder lagen am Weg.

Ich habe diese Berge von den verschiedensten Seiten kennen gelernt. Anfangs als Wanderer und Berggeher mit meinen Eltern. Im Oktober 1972 stand ich auf meinem ersten 3000er, dem Lisenser Fernerkogel. Später zählten für mich als Kletterer nur noch Griffe und Tritte in den Kalkkögeln. Heute genieße ich die zahllosen Skitouren und alpinen Hochtouren im Winter ebenso wie das Eisklettern an den gläsernen, gefrorenen Wasserfällen.

Jeder kann für sich die Zauberwelt der Stubaier Berge seinen Ansprüchen und seinem Können gemäß entdecken. Die Bergwelt ist gut erschlossen. Zahlreiche Hütten sind ideale Ausflugsziele und Stützpunkte für Höhenwanderungen und beliebte Hochtouren. Die Modetouren werden gerne besucht und wer sich in eine Kolonne von über 200 parkenden Autos an der Straße ins Kühtai einreiht, darf nicht hoffen, alleine auf dem Gipfel des Rietzer Grießkogels zu stehen. Laut und Leise liegen auch in den Stubaier Alpen sehr eng beieinander.

Abend am Mutterberger See, Blick
auf den Westlichen Hauptkamm

Der Große Schwarzsee über der Timmelsalm ist
eines der beliebtesten Ausflugsziele auf der
Südtiroler Seite der Stubaier Alpen.

Mit einer Palmbeach-Plastikinsel überquerte ich diesen Eissee, um in das Gletschertor am Übeltalferner zu gelangen.

Eistunnel im Daunkogelferner,
Westlicher Hauptkamm

Die unterschiedlichen Gesichter eines
Gletschers

Rechts: Daunkopfferner,
Westlicher Hauptkamm

Beide Bilder unten:
Sulztalferner, Westlicher Hauptkamm

Daunkopfferner, Westlicher Hauptkamm

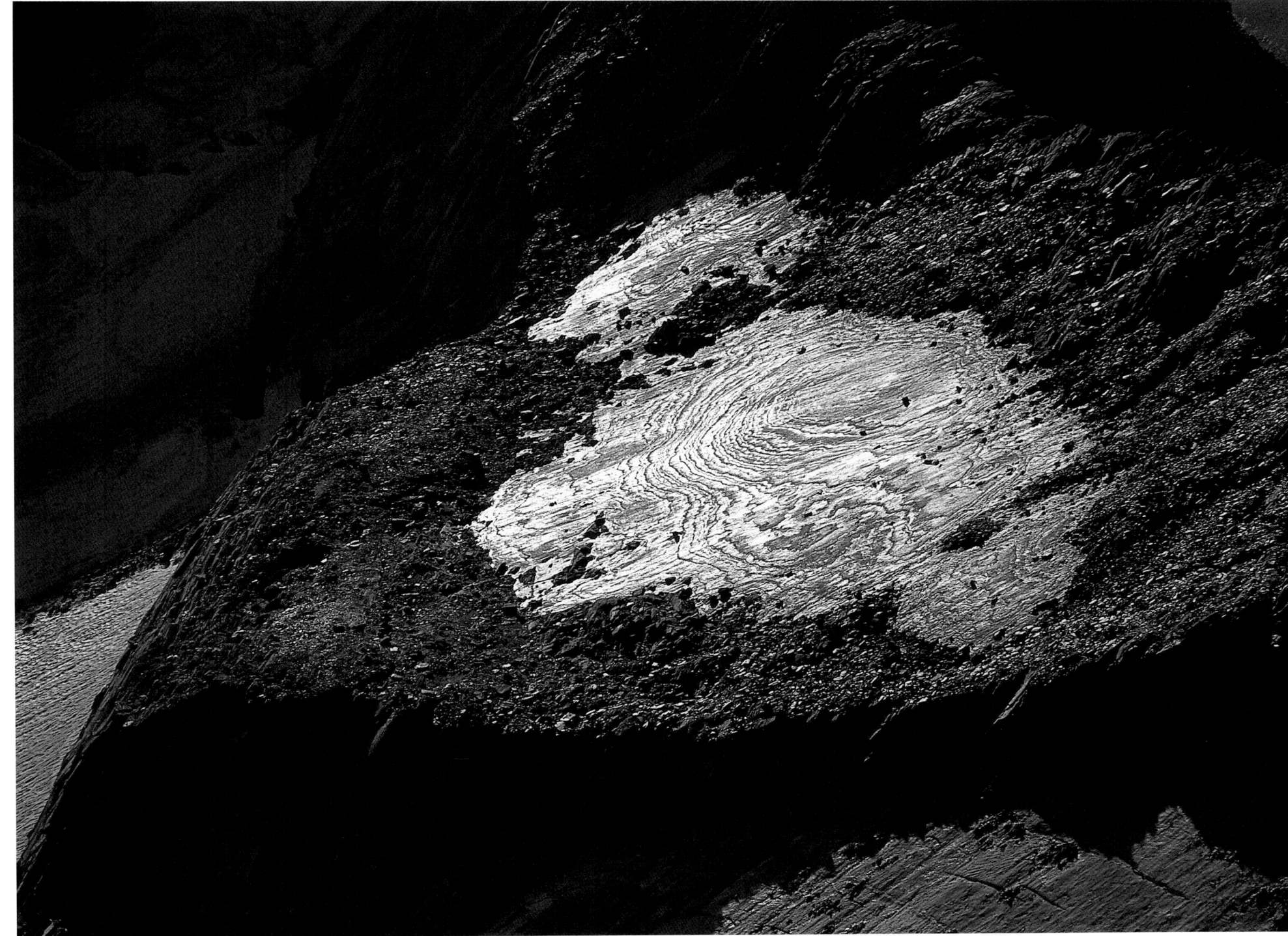

Kirche in Matrei am Brenner

Rechts: Roman Pfurtscheller mäht
seine Wiese über Neustift.

Oben und rechts:
Stadel im Windachtal

Blick aus dem Stubaital auf das
Zuckerhütl

Walter Klier

# us der Geschichte der Stubaier Alpen

So wie heutzutage der große Alpentransit die Stubaier Alpen nur gerade streift, so ist dieses Gebirge auch im Lauf der Jahrhunderte und Jahrtausende nie im Brennpunkt eines historischen Geschehens gestanden – und man wird mit einigem Recht sagen können, dass ihm damit auch alles Mögliche erspart geblieben ist. Wir werden uns im Folgenden also darauf beschränken, einiges zur Kulturgeschichte der Täler zu berichten, die ins Innere unseres Gebietes führen.

Zahlreiche vorgeschichtliche Funde ebenso wie die vielen rätoromanischen Flurnamen zeigen uns, dass das Gebiet seit alters her besiedelt war, wie es selbst bei hochgelegenen Alpenregionen auch sonst der Fall ist. Namen wie Falbeson (val busana – »Sacktal«) oder Ranalt (rovina alta – »hohe Mure«), die zwei letzten Dauersiedlungen im Stubaital, oder Tschangelair (cingularia – Einzäunung), die erste Alm hinter Ranalt am Talboden, erzählen von Nutzung und Wahrnehmung der Landschaft durch die ältesten historisch fassbaren Siedler. Auch sie betrieben schon eine Form der Almwirtschaft, wie sie sich bis auf den heutigen Tag in ihren Grundzügen erhalten hat. In der Fotsch wird seit einigen Jahren ein mittelsteinzeitlicher Rastplatz erforscht; es konnte festgestellt werden, dass auch schon in jenen ersten Jahrtausenden nach der Eiszeit regelmäßiger Besuch in die Stubaier Alpen kam, um zu jagen. Die gefundenen Feuersteinfragmente stammen von weither aus dem Bayerischen und vom Gardasee, es wurde also offenbar auch schon Handel über größere Entfernungen betrieben. Die Obergrenze der Dauersiedlung wird in wärmeren Zeiten, wie zum Beispiel zur Römerzeit und im späten Mittelalter, deutlich höher als jetzt gelegen sein. Die drastische Klimaverschlechterung um 1500, im heimischen Sagengut in den Erzählungen von einer »Übergossenen Alm« verewigt, führte zur Vergletscherung etwa im jetzigen Umfang, mit Rückzügen und Vorstößen, deren gewaltigster um 1840/50 seine Spuren in Gestalt der allgegenwärtigen Moränenwälle in der Berglandschaft hinterlassen hat.

Im Jahre 15 v. Chr. eroberten die Römer unter Drusus und Tiberius jenen Teil der Alpen, zu dem der Großteil von Tirol und damit auch unser Gebirge gehört. Die Region wurde als Provinz Raetien dem Reich einverleibt. Durch Wipptal und Inntal zog ein Ast der großen Heer- und Handelsstraße über die Alpen, der »via Claudia Augusta«, mit Post- und Raststationen am östlichen Rand der Stubaier Alpen vorbei. An dieser Straße lagen die Ortschaften Vipitenum, Matreium und Veldidena, heute Sterzing, Matrei und Wilten. Ein noch älterer Fuß- und Saumweg dürfte der Strecke Matrei – Waldrast – Mieders – Kreith gefolgt sein. Der Name »Koppeneck« (= Jakobeneck) erinnert noch daran, dass man von diesem Punkt zum ersten Mal nach Innsbruck hinuntersah, wo die Kirche zum Hl. Jakob das Ende der beschwerlichen Alpenüberquerung signalisierte.

Wie auch sonst wo ist über die genaueren Umstände des Untergangs der römischen Ordnung und der Errichtung der mittelalterlich-feudalen so gut wie nichts bekannt. Die schriftlichen Zeugnisse setzen erst mit dem 11. und 12. Jahrhundert ein. Zu dieser Zeit wird teils unter adeliger, teils unter geistlicher Herrschaft die planvolle Besiedelung der bisher kaum berührten Waldgebiete vorangetrieben; so weisen zum Beispiel im Stubaital

Oben: Medraz im Stubaital

Unten: Blick von Mieders ins Stubaital

die mittleren, offenbar erst später besiedelten Talstücke eine größere Zahl von deutschen Ortsnamen auf, wie Neder, Neustift oder Krößbach.

Im Rahmen dieser feudalen Ordnung wurden in höheren Lagen zahlreiche Schwaighöfe angelegt. Das waren Viehhöfe mit einem festen Viehbestand und einem festen Zins, der in Naturalien, etwa in Form von Käse abgeliefert wurde. Mit dem 14. Jahrhundert war die Besiedlung abgeschlossen, in den folgenden Jahrhunderten wurden manche Schwaighöfe wieder aufgegeben und als Almen oder Sommerhöfe weitergeführt.

Mit dem Jahre 381 wurde das Christentum im römischen Reich Staatsreligion, und auch die Stubaier mithin, zumindest in der Theorie, Christen. Unter der Miederer Pfarrkirche hat man etwa Reste einer frühchristlichen Kirche ausgegraben. Telfes war die »Urpfarre« des Stubaitals, von wo aus die geistlichen Belange geregelt wurden. Es dauerte bis ins 19. Jahrhundert, bis man eigene Pfarren in jedem einzelnen Dorf einrichtete. Ein besonderes und vor allem auch besonders gelegenes Zeugnis früher Frömmigkeit ist das Wallfahrtskirchlein St. Magdalena auf dem Bergl, auf 1661 m auf steiler Klippe über dem Gschnitztal. Kirche und Einsiedelei (heute eine einfache Gastwirtschaft) sind in einem Gebäude untergebracht. Der ungewöhnliche Bauplatz an der Geländekante sowie die hinter dem Altar gefundene, in den gewachsenen Fels gehauene Wanne und eine heute fast versiegte Quelle deuten auf einen alten kultischen Ort hin. Die Fresken stammen teils aus romanischer Zeit, teils sind sie gotisch und gehören mit der heutigen äußeren Gestalt ins 15. Jahrhundert.

*Oben rechts:*
*Mädchen aus Neustift*

*Unten beide Bilder:*
*Bauernhöfe im Oberbergtal*

An der Pfarrkirche in Obernberg, auch sie an gleichsam magischem Ort, auf einem Hügel außerhalb des Dorfs errichtet, deutet einer der rätselhaften Schalensteine auf eine alte Form von Religion, von der wir nichts mehr wissen.

Hoch über dem Wipp- und Stubaital steht auf dem Waldraster Sattel das Kloster Maria Waldrast, seit alters und bis heute beliebter Wallfahrtsort in einer Gegend voll heilkräftiger Quellen. Über den Ursprung wird uns wie folgt berichtet: »Anno 1392 hat daß grosse weib im himel einen Engl hieher auf die Waldrasst gesandt, der hat einen holen lerchen stockh (so einen gueten Bixenschuss weit von der Kirchen gelegen) in der muetter Gottes namen dise wort gesagt: du stockh soltest der frauen im himel Bildt früchten, an balt wird da ein khirchfart aufkhomen. Nach diesem ist der Engl verschwunden, und daß Bildt ist alsbalt in stockh gewaxen, und ist erst im 1407. Jar am ostersambstag von zween schafhirtlen, der ain Peterle der andere Hänsele genant, von Miznes wahrgenomen worden. Nachdem Sie derowegen das Bildt gefunden, seindt Sie hinab zu ihren Bauren geloffen, und haben ihnen gesagt, Sie solten mit ihnen auf die Waltrasst gehn, dan Sie hetten etwas wunderbarlichs in einem stockh ersehen, welliches Sie nit getrauen anzurüren.«

Im 16. Jahrhundert, nach Reformation und Bauernkriegen, wurde auch in Tirol die Einheit des katholischen Glaubens mit allen Mitteln durchgesetzt und mit großer Härte ging man gegen alle vor, die abweichende Auffassungen hatten. In ganz Tirol war die Sekte der Wiedertäufer verbreitet, deren Nachkommen heute als »Hutterer« in den USA leben. Sie lehnten nicht nur Amtspriester,

Stadel im Obernbergtal

Kriegsdienst und das Privateigentum ab, sondern die Obrigkeit insgesamt und unter ihrem Führer Paul Lederer erlebten sie um 1600 im Stubaital regen Zulauf. Lederer »behauptete, aus übersinnlicher Eingebung Gebete zu wissen, die so kräftig seien, daß sie auch bei lasterhaftem Lebenswandel vor der Verdammniß schützten. Dieses neue und angenehme Dogma«, so spöttelte der Reiseschriftsteller Ludwig Steub, erfreute sich »bei den Stubaier Bonvivants der damaligen Zeit großen Beifalls«. Lederers Anhänger, so wird berichtet, verehrten eine längst verstorbene Frau, die im Stubai gelebt und nie einen Gottesdienst besucht habe. Sie erschien bei den religiösen Zusammenkünften, wobei um ihr Haupt ein helles Feuer flammte und die Glocken im Turm von selber geläutet hätten. Lederer wurde eingesperrt, des Landes verwiesen, und schließlich, da alle Vorhaltungen nichts nützen wollten, 1618 in Innsbruck enthauptet.

Andere mögen größere Häuser gebaut haben, der bedeutendste Baumeister des Stubaitales ist dennoch der geistliche Herr Franz de Paula Penz (1707–1772) aus Navis. In ganz Tirol gestaltete er Kirchen, besonders viele in und um Innsbruck: Penz barockisierte die Kirche in Arzl bei Innsbruck und in Mieders, neu baute er die alte Pfarrkirche in Weerberg, Kirche und Widum (Pfarrgut) in Fulpmes und in Schönberg. Die Basilika in Wilten entstand nach Penz-Plänen ebenso wie die Kirchen von Anras, Schmirn, Navis, Obertilliach, Telfes und Neustift, wo die größte Hallenkirche Tirols errichtet wurde, nicht viel kleiner als der Dom zu St. Jakob in Innsbruck. Penz war bekannt dafür, dass seine Kirchen vergleichsweise geringe Kosten verursachten. Seine Bauten wurden von den »Penzinnen«, Frauen, die um Gottes Lohn arbeiteten, tatkräftig unterstützt. Neben dem Widum in Fulpmes sollen Penzinnen eine Seidenspinnerei betrieben haben, was Bevölkerung und Behörden offenbar gleichermaßen störte, sodass der verantwortliche Fulpmer Kurat Georg Tangl nach Flaurling versetzt wurde.

Der neben der Landwirtschaft wichtigste Wirtschaftszweig war in früheren Jahrhunderten der Bergbau. Besonders hervorzuheben ist hierbei das Ridnauntal und die mit bis zu 2500 m einst höchst gelegene Bergwerksanlage Europas, St. Martin am Schneeberg am Grenzkamm zwischen Ridnaun und Passeier. Jahrhundertelang wurde dort das erzhaltige Gestein gefördert, in Säcke gefüllt und mit Pferden die lange und beschwerliche Strecke über das Joch zu Tal transportiert, um hauptsächlich Silber, aber auch Blei und Zinn daraus zu gewinnen. Die verfallene Knappensiedlung von St. Martin wurde wiederaufgebaut, und in Innermareit im Talschluss des Ridnaun gibt es heute ein interessantes Bergbaumuseum; auch die Befahrung der 6 km langen Stollenanlage ist möglich. Im Ridnaun zeugen die zwei wunderschönen alten Kirchlein St. Magdalena und St. Laurentius vom einstigen Reichtum, desgleichen Profan-

Mischbach Wasserfall im Stubaital

bauten wie das beeindruckende Schloss Wolfsthurn in Mareit, das einzige Barockschloss in Südtirol (jetzt Landesjagdmuseum). Auch in den anderen Tälern wurde in historischer Zeit nach Erz geschürft, so im Stubaital in der Schlick oberhalb von Fulpmes Eisenerz. In der Folge entstanden zahlreiche Schmieden am Schlickerbach. Stubaier Messer und Werkzeuge sind über die Grenzen des Tales hinaus bekannt; das sehenswerte Fulpmer Schmiede-Museum zeichnet die Entwicklung der Stubaier Schmiedekunst nach. Besonderes Augenmerk wird auf das Werkzeug gerichtet, das Bergsteiger, Bergwanderer, Kletterer und Eiskletterer über die Zeitläufe hinweg benutz(t)en.

Heute dominiert, wie in weiten Teilen des Alpenraums, auch in den Stubaier Alpen der Tourismus. Seine Anfänge waren bescheiden. Seit der Mitte des 17. Jahrhunderts gab es etwa im Pflusental unterhalb von Mieders ein Badhaus. Im 19. Jahrhundert, in der großen Zeit der »Sommerfrische«, war Mieders dann auf Grund seines Mineralbades ein beliebter Ferienort nicht nur für die Innsbrucker Bürger. Mit dem Bau des Miederer Schwimmbadls 1927 wurde diese Tradition fortgesetzt. Das hölzerne Bad ist mittlerweile das letzte seiner Art in ganz Tirol.

Die neuere Geschichte des Stubaitals handelt von Zahlen und Steigerungen: Gästezimmer, Gäste, Nächtigungen, Lifte, Seilbahnen und Pistenkilometer, aber auch Höhenwege und Hütten wuchsen von den Anfängen bis auf den heutigen Tag zu einer beeindruckenden touristischen Infrastruktur heran.

Die erste Alpenvereinshütte im Stubai war die Dresdner Hütte. 1875 errichtet, zählte sie im Jahr darauf 72, im nächsten schon

»Jochdohle« am Stubaier Gletscher

154 Besucher. 1889 nächtigten in der bereits erweiterten Hütte schon 499 Hochtouristen. Sie war eine willkommene Station am alten, wohl auch für den Viehtrieb verwendeten Übergang zwischen Stubai und Ötztal, dem Bildstöckljoch, 3144 m. Dem beliebten Bauernheiligen Isidor war der Bildstock geweiht, der noch bis ins 20. Jahrhundert dort stand. In unseren Tagen markiert ein moderner Bildstock den alten Übergang. Das eigentliche Bildstöckljoch wird seit der Ausaperung nicht mehr begangen, die vielen Skifahrer, Ausflügler und Alpinisten von heute gehen über das Stubaier Eisjoch, 3133 m.

Auch unten im Tal wurden Gasthäuser erweitert und neu begründet. Das Gasthaus »Salzburger« in Ranalt beherbergte im Jahr 1868 146 Gäste, elf Jahre später waren es 500. Die Dimension veranschaulicht ein Vergleich mit anderen damals guten Häusern im Tal: Im selben Jahr 1879 beherbergte der »Domanig« in Schönberg 120 Gäste, der Gasthof »Amberg« in Mieders 117 und der »Grander« in Fulmpes 96. Mit dem Bau der Stubaitalbahn 1904 erreichte hier die im Rückblick so beschaulich, ja geradezu lieblich wirkende große Zeit der Sommerfrische ihren Höhepunkt.

In den zwanziger Jahren begann zunächst zaghaft, als Spleen einiger weniger, das Skilaufen. Seit den siebziger Jahren haben die Winter- die Sommernächtigungen immer mehr hinter sich gelassen. Das entscheidende Ereignis war hier die Inbetriebnahme der ersten Sektion der Stubaier Gletscherbahn, die 1973, mitten in der »Ölkrise«, einen schwierigen Start hatte. Nach einer Schrecksekunde ging das Wachstum, wenn auch nicht mehr ganz so steil, doch bis heute weiter. Zählte man im Winter 1973/74 im Stubaital 153000 Nächtigungen, so waren es 1986/87 480000 und 2001/02 über eine Million. Die Sommernächtigungen standen dem mit gut 700000 im Jahr 2002 kaum nach.

Dagegen ist es in den anderen Tälern, dem Sellrain-, dem Gschnitz- und Obernbergtal ebenso wie dem Pflersch-, dem Ridnaun- und Ratschingstal auf der Südtiroler Seite oder den kleinen Nebentälern des Ötztals bis heute viel ruhiger und beschaulicher geblieben, was nicht jeder als Nachteil empfinden wird.

Unten und oben rechts:
Teufellaufen am 5. Dezember
(Krampustag) in Fulpmes

Unten: Sylvester in Neustift

## Die Wampeler

Der Axamer Wampeler ist eine der originellsten Fastnachtsfiguren im Alpenraum. Beim Wampelerreiten soll der Wampeler, der den Winter symbolisiert, vom Wampelerreiter, der den Frühling darstellt, vertrieben werden. Der Reiter muss es schaffen, den Wampeler auf den Rücken zu werfen. Die Kleidung des Wampeler wird mit Heu und Stroh vollgeschoppt. Schon in vorchristlicher Zeit schützten sich die Menschen auf diese Weise, wenn sie auf Bärenjagd gingen.

35

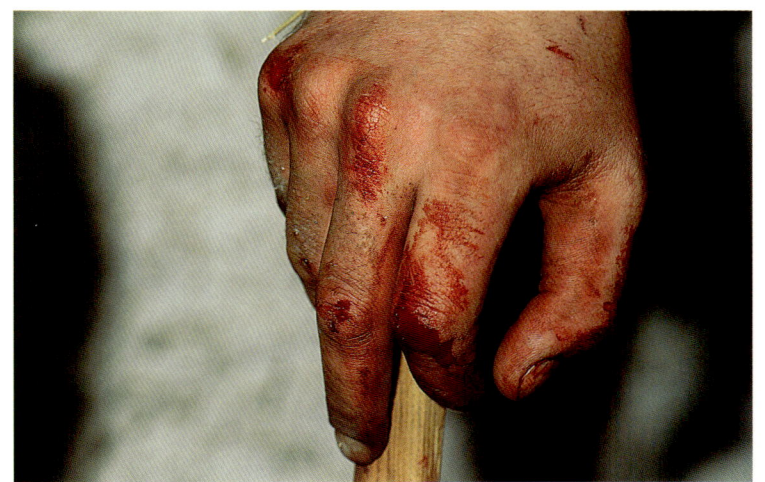

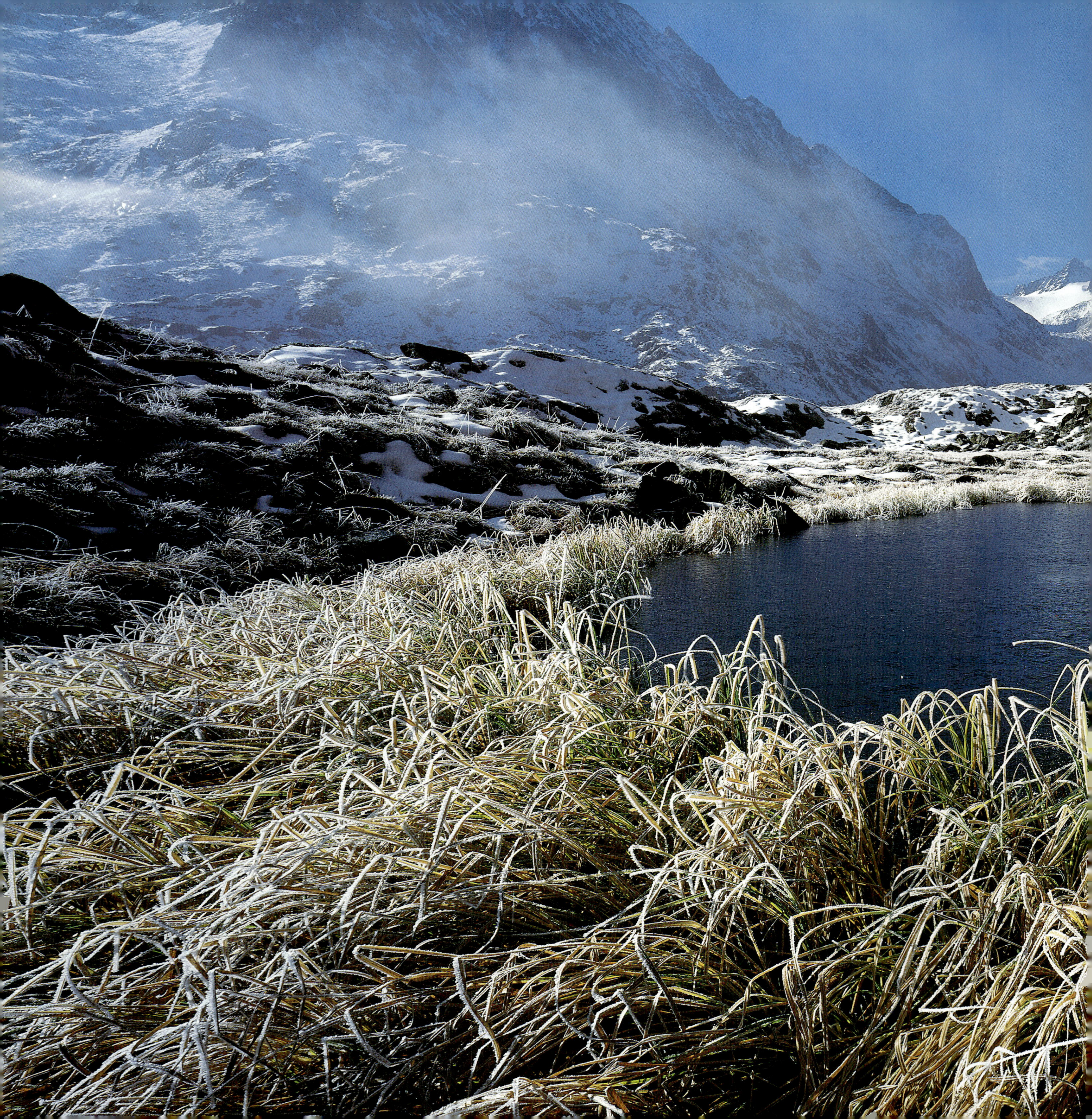

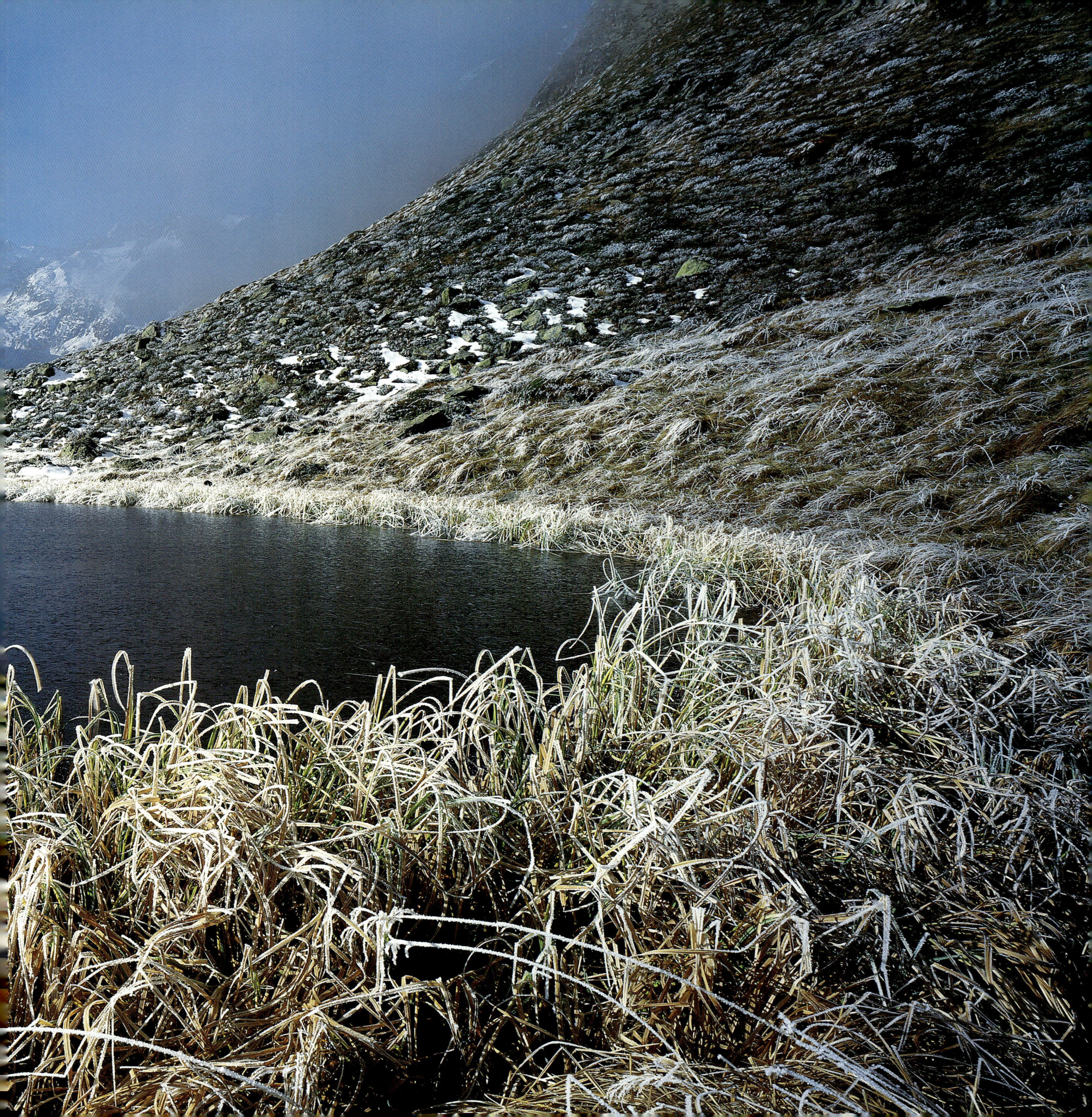

Seite 36/37: Mit Reif überzogen ist das Schilf bei dieser kleinen
Lacke nahe der Franz-Senn-Hütte, Alpeiner Berge.

Unten: Blick vom Zuckerhütl auf den Triebenkarlasferner,
den Triebenkarsee und die Berge südlich des Windachtals

*Der spaltenreiche Sulztalferner fließt vom Windacher Daunkogel und den Wütenkarspitzen.*

Stubaier Hauptkamm mit Wildem
Freiger, Wildem Pfaff und Zuckerhütl

Walter Klier

# Kaiser Max bis Herta Maier – alpine Geschichte und Geschichten

Wie alle Geschichte beginnt auch die alpine Geschichte im undurchdringlichen Dunkel der Vergangenheit, das sich nur ganz allmählich lichtet. Die Jäger dürften die ersten gewesen sein, die auf den Spuren der begehrten Gämse weit über das Almland hinauf in die Region von Fels und Eis vordrangen. Sie benannten markante Punkte; so führt das »Gejaidbuch« des Kaisers Maximilian etwa den »Haber« (Habicht) an oder das »Gejayd am Pfaffen«, dieser Jagdgrund könnte sich also im Besitz einer geistlichen Herrschaft befunden haben.

In einem anderen eigenhändig verfassten Werk, dem »Geheimen Jagdbuch«, beschreibt der Kaiser, der sich so gern im Gebirge herumtrieb, auch eine Gipfelbesteigung: »Der gross Waidmann [das ist er selber] ist gebessen auft dem hochsten gepirg in Europia. Und ist auff solhen perg komen, das Er das ertreich, noch den perg beruert hatt. Es ist auch sidr [=seither?] vor noch nach kainer heher und neher dem himell gebest als Er.« Wir wissen nicht, welchen höchsten Punkt »der gross Waidmann«, dessen Jagd- und Kletter-Abenteuer an der Martinswand im Karwendel ja berühmt geworden ist, gegen Ende des 15. Jahrhunderts bestiegen hat. Der Hinweis, er habe das »Erdreich« und den »Berg« schon nicht mehr berührt, dürfte wohl bedeuten, dass er sich auf Eis und Schnee bewegt hat.

Ein anderer interessanter Beleg für bergsteigerische Aktivitäten in der frühen Neuzeit ist das »Reisbuch« des Hanns Georg Ernstinger, das, um 1610 verfasst, eine Beschreibung von Innsbruck und Umgebung enthält. »Umb Innsprugg herumb hat es drey hoher und namhaffter Gebürg«, schreibt Ernstinger, das seien die »Frauhüt« (also das Brandjoch oder die ganze Nordkette), der »Zurschenberg« (Patscherkofel und Glungezer) und die »Waldrast«; er selbst sei auf alle drei hinaufgestiegen: »auf allen disen dreyen Bergen ich selbs gewest bin und dern Gelegenheit genuegsamb gesehen«. Ob er mit der Waldrast den Gipfel der Serles meint oder nur die Gegend um das Kloster, wird aus der Beschreibung nicht klar. Klar hingegen wird, dass sich dort außer der Kirche und den heilkräftigen Brunnen auch damals schon ein »Wiertshaus« befand.

Wenig später war der bekannte Arzt, Naturforscher und Schriftsteller Hippolyt Guarinoni im Stubai unterwegs, an dem uns die Begeisterung für die Schönheit des Hochgebirges, wie wir sie heute kennen, eigentlich zum ersten Mal begegnet. Er beschränkte sich allerdings weit gehend auf die unteren Talregionen, wo er seine botanischen Forschungen betrieb. Sein Herbarium war eines der ersten in ganz Mitteleuropa.

Andere frühe Erforscher und Ersteiger unserer Berge waren die einheimischen Bauern, Hirten und Wilderer, die ihre Taten in den wenigsten Fällen einer breiteren Öffentlichkeit bekannt machten, die daran auch nicht interessiert war. Die so bereits gesammelte Information kam später allerdings den ersten Touristen zugute, die sich einheimischer Führer bedienten, weil sie sonst ihre Ziele gar nicht gefunden hätten. Nicht wenige Gipfel wurden im Zuge der Landesvermessungen um die Mitte des 19. Jahrhunderts erstmals erstiegen.

Hohen Besuch erhielt der Alpeiner Ferner bereits 1765 durch Kaiser Joseph II. 1773 besuchte der Gouverneur von Tirol, Graf

Sauer, mit Gemahlin und sechs Begleitern »einen ansehnlichen Ferner bei Lisens«. 1823 wurde diese Wanderung von Erzherzogin Maria-Luise, der zweiten Gattin Napoleons, wiederholt. Auch andere Gegenden der Stubaier Alpen wurden vor dem Einsetzen des modernen Alpinismus bereits von Fremden, insbesondere von Bewohnern der Stadt Innsbruck besucht. Die Bemerkung Ernstingers, auf der »Frauhüt« wären schon »etlich zu Todt darob gefallen«, weist ja schon für das späte 16. Jahrhundert auf eine rege alpinistische Tätigkeit im Lande hin.

Im 19. Jahrhundert entwickelte sich, wie man weiß, das Bergsteigen gewissermaßen offiziell in der heute üblichen Form, nämlich ohne für das zweckloses Tun in zweckloser Landschaft eine Begründung wie etwa die des wissenschaftlichen Interesses anzugeben. Ein berühmter, wenn auch kaum gelesener Pionier war Herr Joseph Kyselak, der im Sommer und Herbst 1825 eine ausgedehnte Fußreise durch Österreich unternahm und dabei unter anderem auch den Dachstein bestieg. Im September war er in Tirol, und was uns hier interessiert, ist seine Überschreitung vom Ötz- ins Stubaital. Kyselak ist vor allem dafür berühmt, dass er als erster seinen Namen überall, wo er hinkam, auf Holz oder Stein verewigt hat. Wofür er außerordentlich bekannt sein sollte, ist der Bericht von seiner Reise, der 1829 in Buchform erschien (»Zu Fuss durch Österreich. Skizzen einer Wanderung nebst einer romantisch pittoresken Darstellung mehrerer Gebirgsgegenden und Eisglätscher unternommen im Jahre 1825«) und seither nur ein einziges Mal, 1922, in Auszügen wiederaufgelegt wurde, weswegen wir ihn hier etwas ausführlicher zitieren wollen, um dem geneigten Leser einen Eindruck von Kyselaks Erlebnissen und beachtlichen literarischen Fähigkeiten zu geben.

Er brach mit seinem Führer Lehner um Mitternacht in Längenfeld auf; nach fünf Viertelstunden waren sie in Gries. Der Führer ließ etwas zu wünschen übrig. »Lehner war wohl gut zu Fuß und kannte jeden Stein, aber sein dicker Hals und dampfähnliches Atmen erklärte ihn zum unpassendsten Führer, den ich je hatte. Alle Augenblicke mußte ich seinetwegen rasten; er schob die Schuld auf meine Bagage, die er bedingnisweise trug; ich sah mich also genötigt, sie anfänglich abwechselnd und später durchaus allein zu tragen…« Taleinwärts erreichten sie den Sulztalferner, der hier »Glamersgrub-Ferner« heißt. »Meinem Führer war es mehr um Tabakschmauchen und Frühstück als um rednerische Lobeserhebungen und Alpenschönheiten zu tun. Das angestrengte Klettern verbot ihm den Genuß der Pfeife und sogar den Diskurs; kaum daß ich aber glaubte, auf einem Steine ausruhend, von ihm etwas Merkwürdiges zu erfahren, so ward schon wieder der Tabak angebrannt, für dessen Fortglimmen er alle Aufmerksamkeit anzuwenden strebte; und nur das Ansuchen um Schnaps kramte er heraus. Solcher Rastperioden gab es übergenug, jedoch führten sie das Gute mit sich, daß Lehners Speise- und Trankvorrat immer leichter wog und ich mich vor Ermüdung und zu starker Erhitzung in der dezemberlichen Morgenkälte bewahrte.«

Unter Gefahren erklommen sie die Grathöhe, die Lehner als »Adlerschanz« bezeichnet, wahrscheinlich das Daunjoch. »Mit Händen und Füßen konnten wir uns ziemlich sicher an den Kanten der Kalkwand hinaufhelfen; plötzlich aber trennte ein ungemein

Aufstieg zum Wilden Freiger vom
Becherhaus, der Blick reicht bis zum
Langkofel in den Dolomiten

Markus Plattner und Monika Müller
am Ostgrat der Wilden Leck, darunter
der Sulztalferner

tiefer und acht Schuh breiter Felsenriß unsere acht bis sechzehn Schuh breite Grundfläche, auf der wir, zur Rechten fortwährend die glatte Felsenwand, links den bodenlosen Abgrund sahen und so in schiefer Richtung uns emporarbeiteten. Es befiel mich eine wahre Höllenangst, denn zurückzukehren schien mir so gewiß Tod bringend, wie der mißlungene Sprung, und den zauderte Lehner zu wagen. […] Es war die erste Tat, die ich ihm anloben konnte, als er nach einem Schluck Branntwein samt dem kleinen Bündel mit Mundvorrat kühn hinübersetzte. Ich war nicht imstande, mit meinem schweren Gepäcke ihm gleich zu folgen. Die Jagdtasche flog zuerst und dann warf ich mein Gewehr nach, dessen Schloß zwei umwundene Tücher schützten. Ich reihte mich an die Vorläufer und mein Duna [Kyselaks treuer und heißgeliebter Hund] machte den Beschluß, nicht grübelnd, warum er nach solcher Strapaze noch springen müsse.«

Dann waren sie oben. »Es war fünf Uhr, purpurn flammte der Osten, des Mondes ausgeschnittenes C sah sich allmählich mit seinem Schimmer zurückgesetzt und fühlte erblassend, daß nur noch die Täler ihm Dank wußten für sein geduldig Ausharren […] In der viertelstündigen Rast wirkte die beißende Kälte so auf meinen naßerhitzten Körper, daß ich aus der Ledertasche Sacktücher nahm, den Hals einzuwickeln und ein Hemd über den Frack anzog. Lehner bat mich um das andere vorrätige, welches er ebenfalls über seine Jacke warf, worauf wir dann im gleich possierlichen Aufzuge, wie halbe Schneemänner, langsames Abkühlen erwarteten. […] Der Umfang des auf Granit ruhenden Glamersgrub-Ferners mag dort, wo er Gletscher zu werden anfängt, zwei Stunden betragen; er zieht sich im länglichen Oval zur zwei Stunden entlegenen Höhe, deren südliche Abdachung weit steiler als die nördliche ist. Die Zinne endigt in drei Spitzen, welche ungefähr 30 Klafter hoch, wie Zähne den Himmel anzufallen drohen. Ich bestieg keine derselben, schroffe Klüfte scheiden einen Gipfel von dem andern; man müßte mehrere und verläßlichere Führer als der meinige war, haben und Vorrichtungen, die jene am Dachstein besitzen. Denn obgleich ich mich über 8000 Fuß erhoben fand, so fühlte ich doch allzusehr den Abstand zwischen einer, niedrigere Distrikte beherrschenden Alpe und einer wie der gegenwärtigen, der die Stunden entlegenen Schaufelspitze und Pfaffen-Kamp südlich, Daun-Kar, die hohen Fretil und Grind östlich, dann der Gaisten-Schran-Bok und Ferner-Kogl nördlich ihre größere Hoheit bewiesen. Im Tale kann man dieses alles nicht berechnen, man muß sich auf die Eingeborenen und der Gegend kundige Männer verlassen, allein diese wissen weniger von Übersichten und Höhen, als wo ein gut Stück Wild zu finden sei.« Um zehn Uhr morgens erreichten sie einen Eissee am Unterrand der damaligen Vergletscherung, weiter unten begegnete ihnen ein Wilderer, der zunächst gleich den treuen Duna erlegen wollte, dann, Kyselaks Gewehr ansichtig werdend, diesen gleich zum »Schwarzschoißen« einlud. Kyselak bestaunte die Wasserfälle, und zwei Stunden unterhalb des Eissees (vielleicht der Mutterberger See?) erreichten sie Ranalt, »gewiß ein erfreulicherer Fund für Reisende als Wohnort für den Besitzer«. Dort trennten sich die Wege der zwei Bergsteiger. »Lehner, mir nun überflüssig, erklärte, daß er zwar gleich mir nach Fulpens müsse, um einige Eisengeräte dort zu kau-

Blick vom Wilden Freiger auf
Becherhaus und Botzer

Blick von der Hildesheimer Hütte auf den Pfaffenferner und das Zuckerhütl

fen, daß es aber mit seinem Marsche keine Eile habe und er sich ein Mittagsschläfchen erlauben wolle, die verschwärmte Nacht einzubringen. Eigentlich mag ihn die Maß starken Branntweins niedergezogen haben, welche wir von Oberlengenfeld mitgenommen und die er beinahe allein ausgetrunken hatte. Was doch Gewohnheit alles bewirkt! Ein Mann mit Kropf und Speckdrüsen – Bergsteigen, Tabakrauchen, Branntweinsaufen und keine Spur einer schädlichen Einwirkung davon! Den verdienten Lohn steckte er in seine Stiefeln, damit ihn der bleierne Schlaf vielleicht nicht darum bringe, und kroch ins Gebüsche, der bräunenden Sonne sein zartes Fell zu entziehen.«

Ein anderer einzelgängerischer Vorläufer war Peter Carl Thurwieser, der nach 1830 einige der großen Stubaier Gipfel erstmals erstieg, darunter 1836 mit dem Feilenschmied Ingenuin Krösbacher aus Fulpmes den Habicht, weiters im selben Jahr die Saile (Nockspitze) und den Lisenser Fernerkogel. Den letzten Teil des Gipfelsturms beschreibt Thurwieser so: »Wir wendeten uns, zur Verkürzung des Weges, mit gehöriger Vorsicht allmälig rechts, wieder nördlich gegen das Ende der Wand und betraten 26 Minuten nach 12 U. die Schneide, welche beide Kögel verbindet und nordwestlich durch die Gemssulzrinne rasch in das Längenthal abfällt […] Mühsam kletterten wir über Felsenbruchstücke, bedroht von schadhaften ›Wandeln‹ und von einer Menge 3, 4 bis 5 Klafter hoher Säulen, deren manche senkrecht standen, andere sich vorneigten, zwei aber, gleich links von unserem Steige, mit einem darüber liegenden Klotze ein sonderbares Thor darstellten, dessen Oeffnung 3 bis 4 Klafter an Höhe und in der Breite oben 2 1/2, unten 2 Klafter betrug. Ich wünschte hindurchzugehen, wagte es jedoch nicht, da mehrere Stellen des Abhanges dem Tritte nachgaben. Unweit der schroffen Spitze bogen die Führer rechts in eine Seitenscharte aus. Kein Freund von Umwegen, versuchte ich im Stollen gerade hinanzuklimmen; es gelang, und 1 Minute nach 1 U. verkündete mein Freudenruf Jenen, bevor wir einander sahen, dass der höchste Punkt des Kogels errungen sei. Freier fühlt sich auf solchen Höhen des Menschen Geist, laut äussert sich hier die innigste Empfindung, und das gerührte Herz sendet mit emporgerichtetem Auge seinen Dank zum Himmel. Sobald

Blick von der Rinnenspitze auf
den Lisenser Fernerkogel

die Anderen nachkamen, sagte Lipp mit offenbarer Beruhigung: ›Weil Sie so über die Felsen steigen, gehen wir wohl hinten hinab.‹«

Der Abstieg erfolgte über die Brunnenkogelwand; um 7 Uhr traf Thurwieser, vom Regen durchnässt, in der Längentaler Alphütte und um dreiviertel 9 in Lisens ein. Damit war das Bergsteigen eigentlich in der Form erfunden, wie wir es kennen.

Noch etliche Jahre vor Thurwieser trieb sich der Botaniker Hargasser in den Alpen herum. »Am 20. September 1821 bestieg

*Wie ein Adlerhorst thront das Becherhaus über dem Übeltalferner.*

ich (von Lengenfeld aus) mit grosser Beschwerlichkeit den Schrankogel bis etwa 3 Klafter unter der Spitze, wo die Vegetation gänzlich endigt. Hier erwartete mich eine herrliche Aussicht.« Der dritte Schrankogel-Begeher, Josef Anton Specht aus Wien, fand im Jahr 1863 die oberste Firnschneide »haarsträubend«.

Ab 1860 begann mit der klassischen Phase des Alpinismus die intensive Besteigungstätigkeit, die von 1880 bis 1900 ihren Höhepunkt erreichte. 1863 erhielt das Zuckerhütl seinen ersten Besuch durch den Wiener Kaufmann Josef Anton Specht mit dem Führer Alois Tanzer. Im selben Jahr 1863 erforschten die damals in Innsbruck lehrenden Geographie-Professoren Ludwig von Barth und Leopold Pfaundler die Stubaier Alpen, erstiegen zum Zweck von Messungen zahlreiche Gipfel, darunter die Pfaffenschneide, und interessierten sich auch für die Gletscher. Das Ergebnis war eine Monographie über die »Stubaier Gebirgsgruppe«.

Die Ruderhofspitze erstiegen 1864 als erste Anton von Ruthner und Carl Bädeker, geführt von Alois Tanzer und Pankraz Gleinser. Ruthner war ebenfalls Geograph und Präsident des damals neu gegründeten Österreichischen Alpenvereins.

Zu den bekannten Persönlichkeiten dieser Erschließungsperiode wie Ludwig Purtscheller kamen Innsbrucker Bergsteiger wie Julius Pock oder Carl Gsaller sowie eine Reihe von Einheimischen wie die Familie Pfurtscheller. Deren Beinahe-Namensvetter Ludwig Purtscheller schreibt dazu in dem großen Standardwerk »Die Erschließung der Ostalpen«, in dem von ihm verfassten Abschnitt über die »Stubaier Gruppe«: »Ganz außergewöhnlich und bisher unübertroffen sind die Leistungen des Fräulein Therese Pfurtscheller und ihres Bruders Georg Pfurtscheller aus Fulpmes. Dieselben erstiegen am 20. September 1886, indem sie um 2 Uhr 30 früh mit den Führern M. Egger und Josef Pfurtscheller von der Nürnberger Hütte aufbrachen, zuerst den Wilden Freiger und dann, den obersten Firn des Uebelthalferners überquerend, die Sonklarspitze, die sie gegen 10 Uhr erreichen. Nach einer Stunde Rast wurde in der Richtung des Wilden Pfaffen aufgebrochen und zunächst dieser (2 Uhr) und dann (3 Uhr) das Zuckerhütl erklommen. Während hier Georg Pfurtscheller mit Josef Pfurtscheller seine Schwester verließ, stieg diese mit M. Egger über den Gaiskarferner ins Windacherthal und weiter nach Sölden ab, wo sie um 8 Uhr abends eintraf.« Die Marschleistungen der Pioniere sind generell als eindrucksvoll zu bezeichnen. Julius Pock, Bernhard Tützscher

Vom Zwiselbacher Roßkogel Blick zum
Hochreichkopf

und Carl Wechner bestiegen 1876 den Gaißkogel im Kühtai von Innsbruck aus: Abmarsch um 9 Uhr abends, Ankunft nach 9 Stunden in Kühtai um 6 Uhr morgens; der Gipfel wird um 8 Uhr erreicht, um 10 Uhr sind die Herren wieder zurück in Kühtai.

Heinrich Hess gelang die erste Alleinbegehung des Pflerscher Tribulaun, »in überraschend kurzer Zeit«, wie Purtscheller anmerkt. »Gegen Abend, am 14. August 1887, in Gschnitz eintreffend, brach derselbe mit einem Freunde und einem Träger von dort auf, um in der Ochsenhütte im Sandesthale die Nacht zu verbringen. Bei dem herrschenden Regen und dichten Nebel konnte jedoch der Träger die Hütte nicht finden, und es musste im Freien bivouakirt werden. Morgens gelangte Hess, den Anstieg allein fortsetzend, um 7 Uhr 15 auf die Höhe des Sandesjoches. Dank seiner vortrefflichen Orientirungsgabe gelang es ihm, den Einstieg in die grosse Rinne sofort zu finden, und schon in 51 Minuten vom Sandesjoche aus stand er auf der höchsten Spitze. Der Rückweg zum Sandesjoch nahm 44 Minuten in Anspruch. Die ganze Tour wurde von Wien aus in zwei Tagen mit Zuhilfenahme dreier Nächte ausgeführt.«

Der Hauptgipfel des Pflerscher Tribulaun, sicher der eindrucksvollste Felsgipfel der Stubaier Alpen, war nach einigen Fehlversuchen erst 1874 von der Mannschaft Georg Hofmann und Nikolaus Winhart aus München mit den Führern Johann Grill, genannt Kederbacher, aus Ramsau und Pittracher aus Gschnitz bezwungen worden.

Hofmann beschreibt die dramatische Besteigung: »An dem Massive des Tribulauns angelangt, wandten sie sich der Südseite

Blick vom Zwiselbacher Roßkogel
Richtung Süden auf die Südwestlichen
Sellrainer Berge

zu, wo ein circa 7 m. breites Schuttband gegen Osten auf einen sattelartigen Vorsprung führte. Staunend hörte Pittracher zu, als Kederbacher erklärte, er hätte die Wände direct zu ersteigen versucht, wenn sich dieses Schuttband nicht gezeigt hätte. ›Ueber diese Wand wärst du hinauf?‹ fragte Pittracher zweifelnd. ›Ja, da geht es doch ganz gut‹, war die Antwort des Ramsauers. Ueber losen Schutt, an kleinen Wänden und in steilen Rinnen kletterten sie aufwärts. Doch das Felsgesimse verlor sich, furchtbare Wände fielen zur Tiefe ab, es schien kaum mehr möglich, eine höhere Felsterrasse zu gewinnen. Vor einem senkrechten, ungefähr 5 m. hohen Kamin angelangt, entledigte sich Kederbacher rasch seines Rucksackes und erkletterte mit dem Seile die Höhe. Bald waren die Rucksäcke hinaufgeseilt, dann folgten Hofmann und die Uebrigen. Der weitere Anstieg vollzog sich in einer Felsrinne, die in einem von Wänden umschlossenen, düsteren Felswinkel endigte. Die etwa 60 m. hohe Schlusswand hat eine Neigung von 70° und darüber. Durch das Seil verbunden, Kederbacher und Winhart ohne Fussbekleidung, Hofmann in starken Strümpfen, erkletterten sie nun die Wand, während Pittracher hier zurückblieb. Mit katzenartiger Behendigkeit stieg Kederbacher voraus. Die Hände hatten ebensoviel zu thun als die Füsse, die kleinsten Risse und Vorsprünge wurden sorgsam geprüft, doch war der Fels meistens von unbedenklicher Beschaffenheit.« Die Ersteigung hatte acht Stunden von Gschnitz aus beansprucht.

Ein entscheidender Schritt in der Entwicklung des Alpinismus war organisatorischer Natur: die Gründung des Alpenvereins, zuerst getrennt in Österreich und Deutschland, ab 1873 zusammen in einem Verein. Franz Senn, der Mitbegründer des Deutschen Alpenvereins und als unermüdlicher »Gletscherpfarrer« vor allem im Ötztal in Erinnerung, verbrachte seine letzten Lebensjahre, 1881–1884, als Pfarrer in Neustift. Die feierliche Eröffnung der nach ihm benannten Hütte (1885) erlebte er gerade nicht mehr. An der sonnigen Südseite der prachtvollen Neustifter Kirche liegt Pfarrer Senn begraben.

In den Mitteilungen des DÖAV wurde die neu erbaute Hütte so beschrieben: »Die Hütte bietet im Erdgeschoß ein sehr gutes Matratzenlager für zwölf Personen, davon sind vier in zwei Abtheilungen für Damen reserviert, im 1. Stock befinden sich ebenfalls acht Matratzen und ein Heulager. Es sei bemerkt, daß jede Lagerstätte selbständig und von den anderen durch eine niedrige Wand getrennt ist. Die Hütte ist reichlich ausgestattet, hat Thermometer, Aneroidbarometer, eine kleine Apotheke mit Gebrauchsanweisung, ein Sicherheitsseil und Strickleiter; prächtiges Wasser quillt wenige Schritte entfernt.« In den ersten fünf Jahren ihres Bestehens übernachteten auf dieser Hütte insgesamt 185 Touristen; die Dresdner Hütte brachte es im Jahr 1889 immerhin schon auf 499 Besucher.

Carl Gsaller hat in seiner unschätzbaren Monografie »Stubei. Thal und Gebirg, Land und Leute« von 1891 auch eine Statistik über Gipfelersteigungen für das Jahr 1888 zusammengestellt. Die Schaufelspitze brachte es damals schon auf 88 Besucher in einem Jahr, das Zuckerhütl auf 36, der Habicht auf 44, der Wilde Freiger auf 22, die Feuersteine auf sieben und der Schrankogel auf sechs Besucher.

Gegen Ende des Jahrhunderts wurde eine systematische Durchforschung vor allem der bisher vernachlässigten nördlichen Teile der Stubaier Alpen vom Akademischen Alpenklub Innsbruck durchgeführt, dokumentiert in den Jahresberichten dieses Vereins und zuletzt in dem ersten Führer durch die Stubaier von Siegfried Hohenleitner.

Ab 1900 richtete sich das Augenmerk verstärkt auf das Überwinden größerer Kletterschwierigkeiten auf neuen Wegen. Ideales

*Der Hohe Nebelkogel über dem Windachtal ist der Eckpfeiler des Westlichen Hauptkammes.*

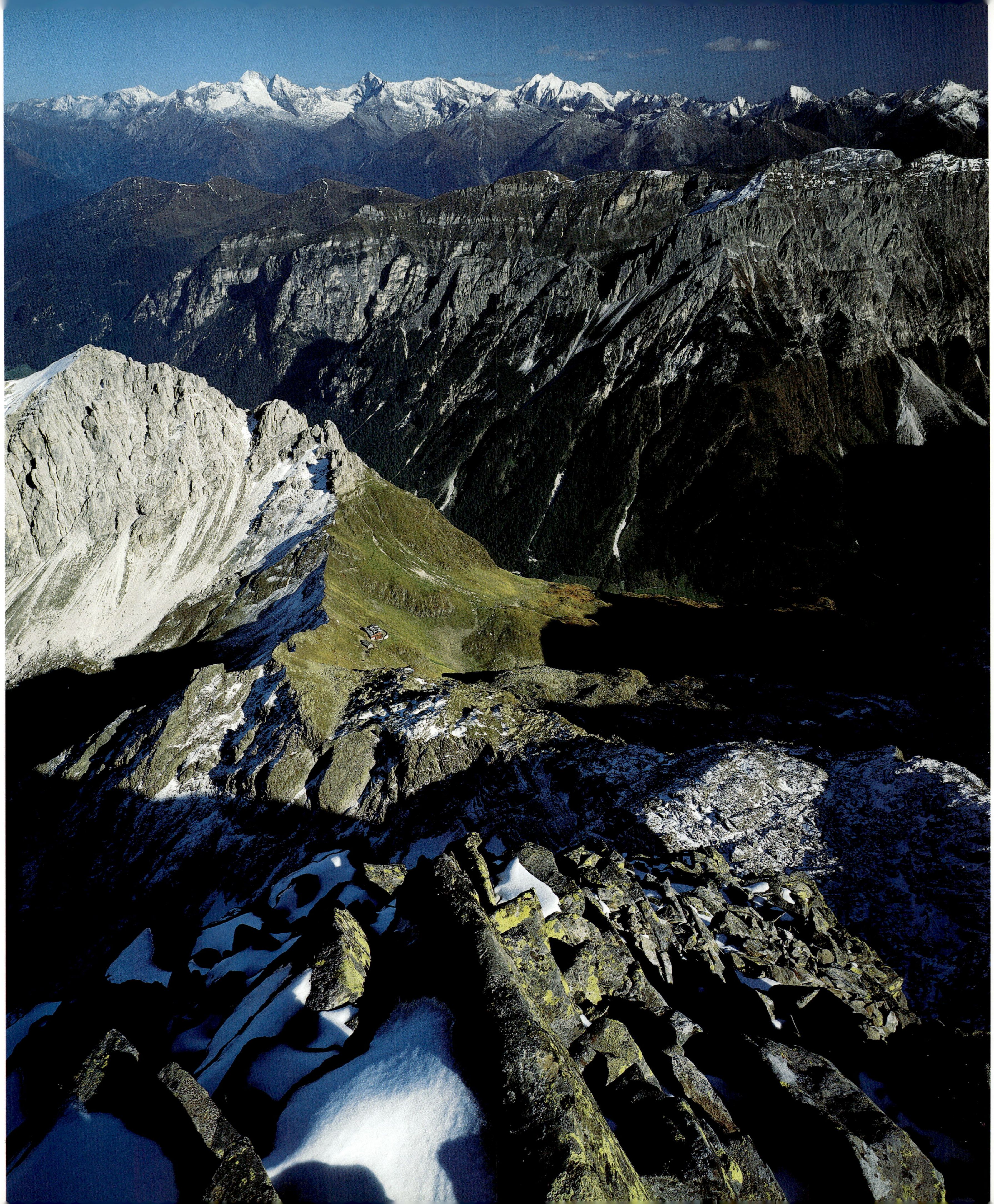

Blick vom Habicht auf die
Innsbrucker Hütte und die
Zillertaler Alpen

Betätigungsfeld hiefür waren die Kalkkögel, die vor allem in Zeiten, wo das Reisen zu teuer oder durch politische Zustände vereitelt war, für die Innsbrucker Kletterer einen allwöchentlich aufgesuchten großen Klettergarten darstellten. Im ganzen Kamm zwischen Nockspitze (Saile) und Schlicker Seespitze wurden Grate und Wände und jede einzelne der kecken und oft recht morschen Zinnen erstiegen. Der erste große Erschließer war Carl Gsaller; Spötl, Delago, Melzer, Ficker, Grissemann, Miller und Ampferer hießen die Helden dieser Zeit, um nur einige der bekannteren zu nennen.

Einer aus der selben Generation, Karl Berger, hat im Alpenvereinsjahrbuch von 1903 eine Reihe der damals schwierigsten Klettertouren beschrieben. Die Alleinbegehung des heute mit V/A0 bewerteten »Millerrisses« auf den Schlicker Nordturm beschreibt er so: »Ohne Anstand kam ich auf eine abschüssige Schulter in der Ostwand hinauf. Wie staunte ich, als ich den vielbesprochenen Riß im Winkel zweier gelbroter Wände gerade über meinem Kopf sah! Wer nicht den festen Willen hat, nichts unversucht zu lassen, wird hier umkehren. Der erste von den drei Kaminabsätzen war leicht rechts zu umgehn; der zweite wurde früher noch immer rechts an der senkrechten Wand überstiegen. Da man aber beim Alleingehn Kaminen viel mehr als Wänden traut, wollte ich meine Kraft im engen Schluff erproben. Eine Nische machte den Anfang; sie war zum sicheren Verspreizen zu weit und der Einstieg besonders schwer. Keuchend hing ich zwischen den Wänden. Stark nach außen geöffnet waren die Flächen, die Reibung sicherte mich wenig. Auch das höchste Stück, an dem die Wand zur Linken meine Vorgänger vorbeigeleitet, wollte ich, meinem Trotz folgend, im Kamin ersteigen. Den rechten Arm legte ich in die enge, grifflose Kluft, indes der Körper sich in die einspringende Ecke stemmte. Mit hastigen Atemstößen riß ich mich an kleinen Griffen aus dem oberen Mund der Enge. Aus den Gipfelkarten sah ich, daß der Nordturm auch von Damen erstiegen worden ist, und zwar von Frl. Kerschbaumer und später von Berta Scheiper und G. Walcher aus Innsbruck ...«

Schon damals wurde an der Riepenwand die Eroberung des Unmöglichen, wie man das Klettern einmal genannt hat, vorexerziert, zunächst einmal eher in Gedanken, wie Heinrich von Ficker aus der Zeit um 1900 überliefert: »Spötl [...] wies mit der Hand hinüber zur Riepenwand, die uns ihre senkrechte Nordwand zukehrte. ›Glaubst du, Otto, daß die Kamine dort in der Wand ersteiglich sind?‹ ›Nein, denn diese dunklen Kamine sind nichts weiter als Wasserstreifen. Da ist nichts zu machen.‹ Ich atmete auf.«

1914 war es dann soweit: Die Nordwestwand der Riepenwand wurde auf der heute klassischen Route, dem äußerst zutreffend benannten »Fliegerbandl«, erstbegangen (heute mit V+ oder A0 bewertet). Der Führer von Alfons Zimmermann (1922) sagt dazu: »Auch über die glatten Wände der Send(erstaler) S(eite), die auf dem Wege zum Seejöchl durch ihre erdrückende Wucht das Auge fesseln, wurde der Aufst. zur Riepenwand (bisher sechsmal) und zwar von NW. in äußerst schwieriger und gefährlicher Kletterei unter Anwendung von künstlichen Hilfsmitteln erzwungen. Dieser Wanddurchstieg steht in der Reihe jener außerordentlichen Turen, die die äußerste Grenze des im Felsgebiete überhaupt Möglichen erreichen.« Die Schlüsselstelle geht bei Zimmermann dann so: »Hier setzt der Riß mit einem Ueberhange an und führt nach 15 M. auf ein breites, sehr brüchiges Band, das 40 M. nach r. verfolgt wird (hier eine Dose mit Karten), bis es in eine außergewöhnlich schwere, an der Grenze des Möglichen stehende Leiste übergeht, die 30 M. lang ist. (Die Erstersteiger benötigten zur Bewältigung dieser Stelle 4 St.) Darnach wird das Band wieder breiter und leitet auf eine Kanzel …«

An der Riepenwand war es dann auch für den Rest des Jahrhunderts, dass die »Grenze des Möglichen« immer weiter hinausgeschoben wurde, so etwa in den dreißiger Jahren von Hias Auckenthaler mit der Nordwestverschneidung und der Westwand (beide sind bis heute sehr ernste VIer-Touren), die dank der nervenzerfetzenden Schilderung in Hermann Buhls »Achttausend drunter und drüber« für uns Junge in den siebziger Jahren der gefürchtete und ewig hinausgezögerte Höhepunkt eines Bergsommers wurden. An der Westwand reizte besonders die Schilderung der ersten Seillänge, die Buhl nur deshalb fertig kletterte, weil er nicht mehr zurück konnte und ein Sturz fatale Folgen gehabt hätte. Bei der Nordverschneidung waren es Waldemar Grubers sechsfacher Sturz in der letzten Verschneidungslänge sowie das schwarze und von irgendwelchen Raubvögeln bewohnte und praktisch unpassierbare Loch ganz oben am Ende der Tour, das ich dann 1976 durch eine gewagte Querung auf leichteres Gelände vermied. Damals fanden wir auch ein Wandbuch oberhalb der Verschneidung hinter einem Zacken. Es war völlig durchnässt und von Verschimmelung bedroht – die letzte der wenigen Eintragungen (Kuno Rainer und Herta Maier) stammte aus den vierziger Jahren.

Herta Maier war eine der ganz Wilden jener Jahre, was sich auch in Hermann Buhls vor einiger Zeit veröffentlichten Tourenbuch-Auszügen nachlesen lässt. Sie machten zusammen etwa die dritte Begehung der »Kalten Kante« an der Großen Ochsenwand (die Schlüssel-Seillänge ohne einen Haken!) oder die sinnig »Himmel und Erde« getaufte und von Auckenthaler und Gefährten 1935 erstbegangene Nordpfeilerroute an der Kleinen Ochsenwand: »8. Juli 1944. Am Einstieg kleine Auseinandersetzung wegen Anseilens. Ich befehle ›kurz‹ wegen zu knappem Seil, sie hat ihren Schädel, seilt sich lang an mit Schulterschlinge. Wunderbare Stemmkletterei im Kamin. Vom Pfeilerkopf Spreizschritt auf gegenüberliegende Wand; kurze schwere Wandstelle, dann folgt Hangeltraverse, dies im wahrsten Sinne des Wortes ›zwischen Himmel und Erde‹. Die Füße fast in der Luft, 30 Meter mit wenigen Haken hinüber unter Dach.

Ich muß noch einmal maulen. Die Herta hat narrisch ›Schiß‹; traut sich ohne Seilschwanz nicht nachgehen, und nun kommt das, was ich sagte: die Seile geben nicht nach, sie kommt kaum herüber. Ich muß noch einmal zurück, Seile aushängen. Den nun bekannten Weg weiter; äußerst schwierig.«

Am Ende war die Grenze des Möglichen so weit hinausgeschoben, dass die neuen Touren niemand mehr wiederholte. Und dann begann das Sportklettern, aber das ist eine andere Geschichte.

Neben der schaufelförmigen Spitze des
Gschnitzer Tribulaun erhebt sich die Pyramide
des Pflerscher Tribulaun.

Blick vom Hohen Nebelkogel auf die
Ötztaler Alpen und den Kaunergrat

Blick vom Wilden Freiger in
die Dolomiten

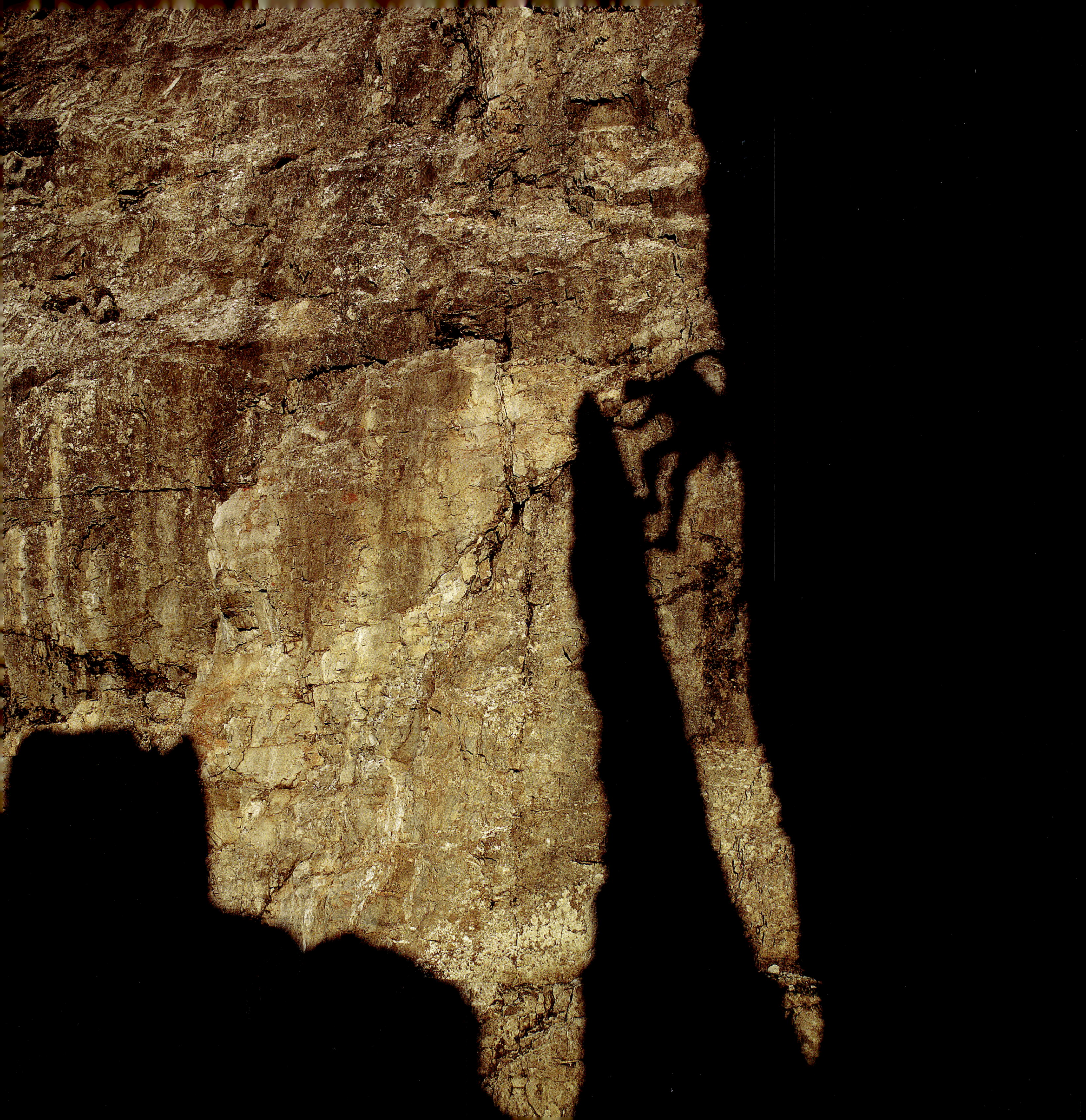

Hias Rebitsch

# In der Goldkappl Südwand
## (Erste Begehung mit Hans Frenademetz, 1936)

Hias Rebitsch

Durch Mauerhaken und Doppelseil vom Gefährten her gesichert, klebe ich am großen Wulst der Goldkappel-Südwand. Die rechte Hand greift höher, bekommt eine scharfkantige Leiste zu fassen. Vorsichtig ziehe ich mich an ihr hoch. Da höre ich ein feines Knistern, spüre ein Nachgeben des Griffes. Er bricht?! Wie ein elektrischer Schlag durchzuckt es mich – Absturz, das Ende ... Nicht stürzen!!! Blitzschnell tappe ich nach einer winzigen Schuppe über mir – sie splittert ab. Die nächste, die dritte – alle brechen ...

Meine Füße stützen sich noch auf die Tritte unter dem Knick des Überhanges, doch die Hände greifen schon keinen Fels mehr. Der Oberkörper wird von einer Riesenfaust hintenüber, nach abwärts gerissen. Ich darf mich nicht überschlagen, nur nicht rücklings, nicht kopfunter fallen. Ich muß vom Fels wegspringen! Alles in mir sträubt sich gegen diese wahnwitzige Vorstellung, schreit danach, die Tuchfühlung mit dem Fels nicht zu verlieren, um mich an ihm noch halten, noch retten zu können. Doch der Instinkt ist stärker und zwingt mir das Handeln auf. Ich schnelle mich mit den Beinen weg von der Wand, in die Luft, in den gnadenlosen, furchtbaren Abgrund hinaus ...

Die rasende, grauenhafte Höllenfahrt beginnt. Noch erfasse ich es voll, das Entsetzliche, nehme die Vorgänge um mich noch bewußt auf: Ein kurzer Bremsruck. Ich registriere – der erste Haken ist gegangen. Der zweite. Ich schlage am Fels an, schleife an ihm hinab, will mich noch wehren, mich an ihm verkrallen. Aber weiter, unaufhaltsam, schleudert mich eine Urgewalt hinab. Verloren. Aus ...

Und nun fühle ich keine Angst mehr; die Todesfurcht ist von mir gewichen, jede Gefühlsregung und Sinneswahrnehmung ausgelöscht. Nur mehr Leere, völlige Ergebenheit in mir und Nacht um mich. Ich »stürze« auch nicht mehr, ich schwebe bloß sanft auf einer Wolke durch den Raum, befreit von Erdgebundensein. Erlöst. Nirwana ...?

Hab' ich das dunkle Tor zum Totenreich schon durchschritten? In die Finsternis um mich kommt plötzlich Helligkeit und Bewegung. Aus dem Ineinanderwogen von Licht und Schatten lösen sich Linien heraus; erst schemenhaft verschwommen, nehmen sie erkennbare Formen an. Naturalistische – menschliche Gestalten und Gesichter, eine altvertraute Umgebung. Wie auf einem inneren Bildschirm flimmert ein Stummfilm auf; in Schwarzweiß. Ich sehe mich darin – als Zuschauer ihm gegenüber – wie ich, kaum

Seite 60: Am Karwendlerturm, Kalkkögel

Links: Hias Rebitsch war ein begnadeter Kletterer, der damals schon als Training für schwierige Wände zum Bouldern ging.

an die drei Jahre alt, zum Krämer nebenan tripple. In der kleinen Hand den Kreuzer fest umschlossen, den mir meine Mutter gegeben hatte, damit ich mir ein paar Zuckerln kaufe. Szenenwechsel: Als Kleinkind gerate ich mit dem rechten Bein unter eine umfallende Bretterlage. Der greise Großvater, an einem Stock humpelnd, müht sich ab, die Bretter hochzuheben. Mutter kühlt und streichelt meinen gequetschten Fuß. Zwei Ereignisse, an die ich mich sonst nie mehr erinnert hätte. Weitere Bilder aus meiner frühesten Kindheit flimmern auf; rasch wechselnd, bruchstückhaft, kaleidoskopartig durcheinandergewirbelt. Das Zelluloidband ist gerissen: Lichterschlangen fahren wie Blitze durch einen leeren, schwarzen Hintergrund; Feuerkreise, sprühende Funken, flackernde Irrlichter:

(mein Schädel schlug an die Wand an?). Der Streifen läuft wieder. Seine Projektionen stammen aber nicht mehr aus der Zeit meines jetzigen Lebens. Und ich sehe mich auch nicht mehr auf der »Leinwand« als bloßer unaktiver Zuschauer. Ich bin aus dem Film herausgetreten, agiere jetzt selber, körperlich, lebend, auf der raumhaft gewordenen »Bühne«; stehe als gewappneter Knappe in einem hohen Rittersaal; Edelleute in Prunkgewändern, aufgeputzte Burgfrauen, Pagen. Humpen kreisen, buntes Treiben.

Vorbei, wie abgehackt. Neue turbulente Einstellungen aus solch ferner Zeit zucken auf. Dann schält sich ein ruhigbleibendes Motiv heraus: Ich schreite hinter einem Holzpflug her über Ackerland in breiter Ebene. Wolkenschiffe segeln darüber hin.

Abrupte Überblendung in ein Schlachtgetümmel: Wilde, fremde, langzottelige Reiter stürmen an, Spieße fliegen. Todesnot! – Alles lautlos, gespenstisch.

Plötzlich ein Ruf aus weiter Ferne: »Hias!« und wieder: »Hias, Hias!« – Ein innerer Anruf? Der eines Kampfgefährten? Auf einmal gibt es keinen Reiterkampf und keine Todesnot mehr. Nur Ruhe um mich und übersonnten Fels vor meinen Augen; sie haben sich geöffnet. Der Film ist aus, die Klappe hat sich geschlossen. Das aufgestoßene Fenster hinab zu den Tiefen der Vergangenheit ist wieder dicht verrammelt. Und nochmals der angsterfüllte Schrei: »Hias, Hias! Bist du verletzt? Wie geht's dir?« Der Ruf kommt aus dieser Welt, von oben vom sichernden Freund.

Wie es mir geht? Ich finde mich in einer sonderbaren Situation wieder. Hänge wie ein zusammengeschnürter Mehlsack an zwei Seilen über einem Abgrund und schaukle hin und her und ringe

*Im Jahr 1936 gelang Hias Rebitsch und Hans
Frenademetz die Erstbegehung
der Goldkappl Südwand.*

*Seite 64/65: Blick von Salfeins auf
die Kalkkögel*

nach Atem. Da erst begreife ich es – ich habe einen 30-Meter-Sturz überstanden, bin von einer langen Reise rückwärts durch mein Leben – auch durch ein vorangegangenes? – zurückgekehrt, bin wieder in meinen Körper geschlüpft ...

Wenn ich manchmal an diese dramatische Ersteigung denke – bei der der Sensenmann noch zweimal nach mir griff – dann beschäftigt mich vor allem der merkwürdige »Film«, welcher während des Sturzes auf einem inneren »Bildschirm« vor mir abrollte. Daß er tatsächlich Begebenheiten aus meiner frühesten Kindheit – als ich halbwegs aufzufassen begann – wiedererstehen ließ, ist noch verständlich. Doch die nachfolgenden »Gesichte« von Ereignissen, die sich schon vor Jahrhunderten im Leben von Vorfahren zugetragen haben mußten – waren sie bloß zufällige, beziehungslose Phantasieprodukte, wie Traumgebilde? Oder genetisch weitergetragene Erinnerungen? Es ist zumindest möglich, sogar wahrscheinlich, daß meine Urahnen derartiges erlebten! Spiegelten sie vielleicht doch wirkliche Erlebnisse von ihnen wider? Nachhaltige Eindrücke, die über viele Generationen hinweg in tiefsten Schichten der Psyche aufgespeichert und als unbewußtes Erbgut in der Geschlechterfolge weitergegeben wurden? Brach unter der ungeheuren seelischen Belastung während des Sturzes ein Sperriegel, und wurden solche Aufspeicherungen durch Steigrohre des Unterschwelligen wieder ins Bewußtsein heraufgeschleudert? – Buddhas Lehre von den Wiedergeburten? Es gibt Dinge zwischen Himmel und Erde, von denen sich die Gelehrten nur ungern was sagen lassen – sich aber doch so langsam dazu bekennen werden müssen ...

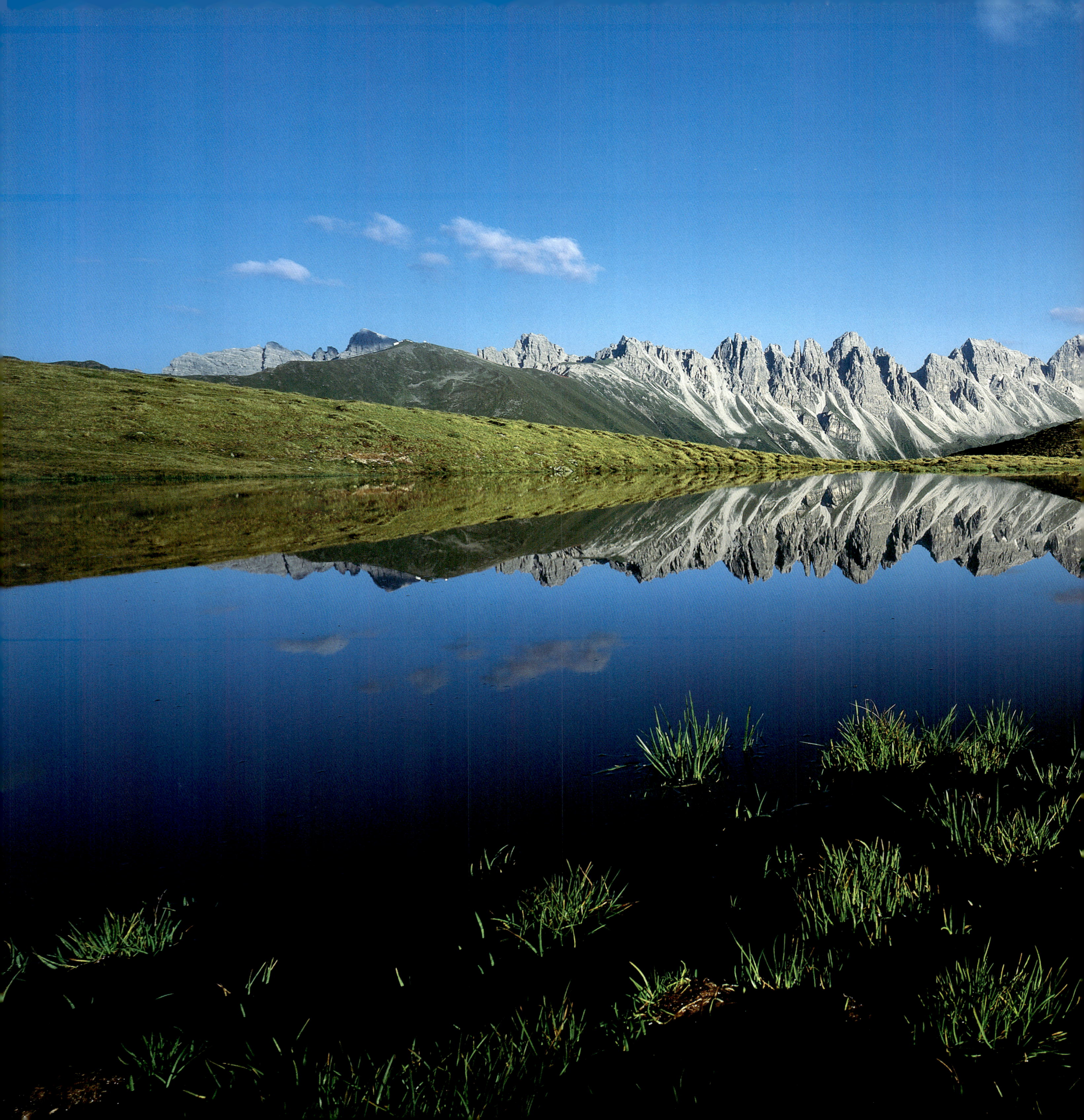

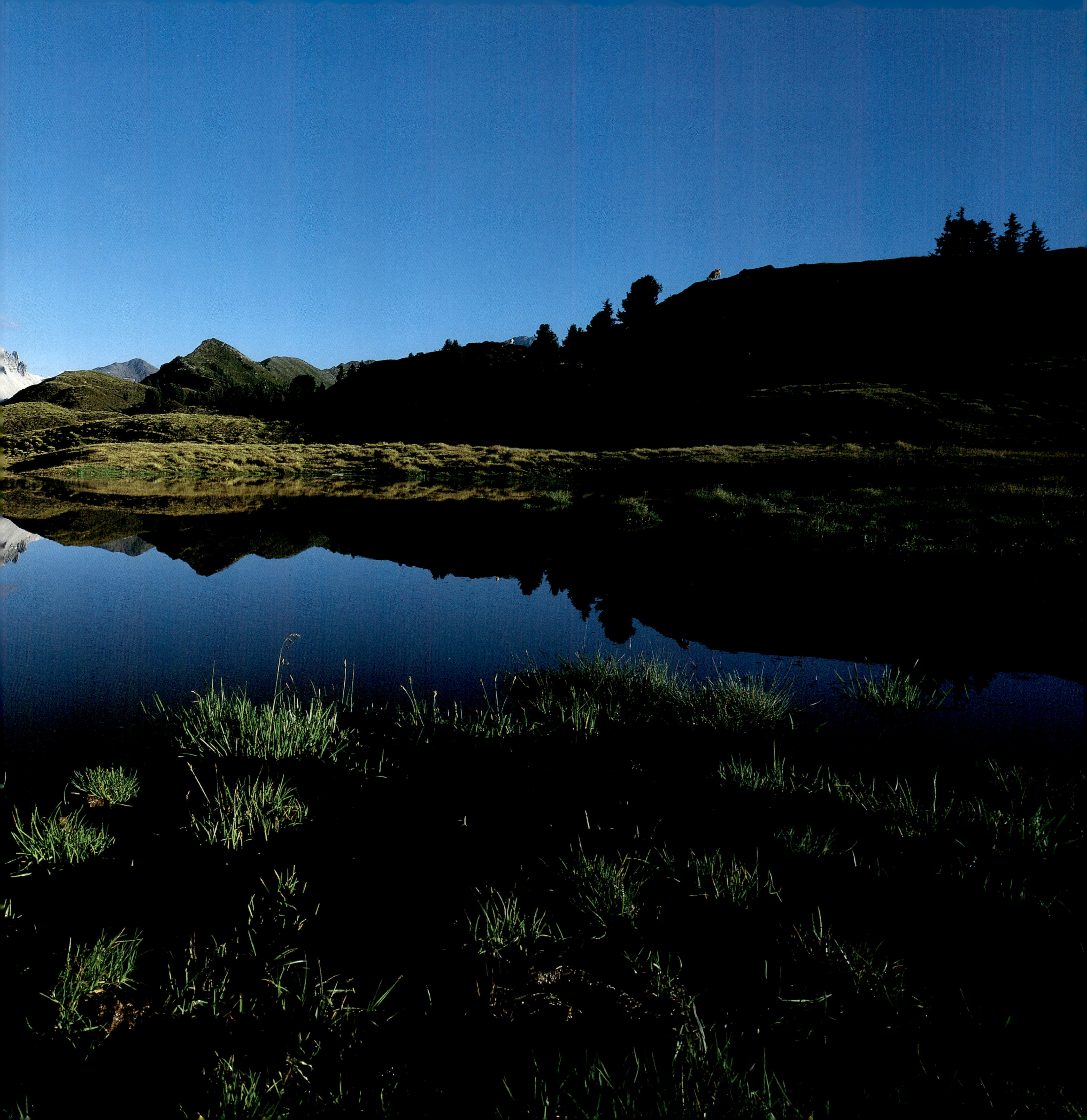

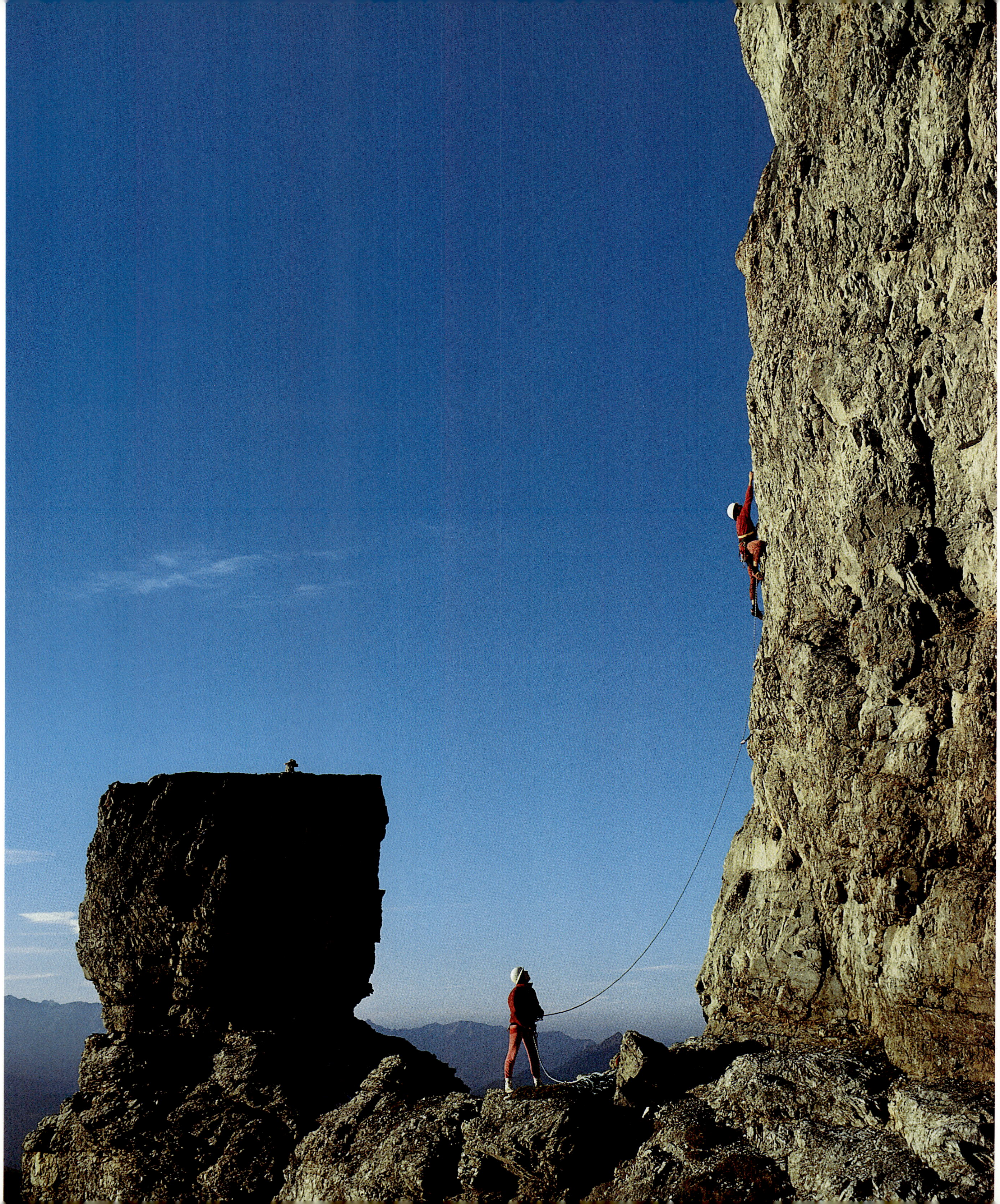

Heinz Zak

# Zufällig überlebt

Wir treffen uns recht selten und haben uns in den letzten 30 Jahren immer wieder aus den Augen verloren, aber wenn ich meinen alten Freund und Kletterpartner Markus Plattner hin und wieder treffe, scheint mich etwas wie ein altes Kletterseil mit ihm zu verbinden. Die Erinnerungen sind vielleicht verschüttet und ich weiß eigentlich nicht mehr ganz genau, wie es damals war. Ich weiß nur, dass wir jung, unwissend und haarsträubend wild waren. Wie wir zu den senkrechten Schotterhaufen der Kalkkögel eine echte Liebe entwickeln konnten, ist mir heute ein Rätsel. Der Alpenvereinsführer für die Stubaier Alpen war die Bibel, in der ich täglich blätterte. Abenteuerliche Fantasien wuchsen aus den Routenbeschreibungen und den Wandfotos. Es war mir ein Anliegen, auf jeder Seite im Führer eine Route geklettert zu haben, damit ich sie – wie mein damaliges Vorbild Hanspeter Heidegger – sauber mit dem Lineal farbig unterstreichen konnte.

In der Bergrettung Axams übte ich fleißig das Knüpfen von Knoten und lernte einiges zum Umgang mit dem Seil. Markus eignete sich sein Wissen aus dem Lehrbuch von Nieberl/Hiebeler an. »Das Klettern im Fels« (Bergverlag Rudolf Rother, 11. völlig neu bearbeitete Auflage 1966) propagierte zum Thema »Partnersicherung« die Schultersicherung (!): »Es gibt Standplätze, welche so geartet sind, daß du auf ihnen einen stürzenden Gefährten freistehend und nur mit der Kraft deiner Arme vor dem tödlichen Fall schützen kannst, allein sie sind selten.« So stand es geschrieben und so zogen wir in die Berge.

Meine Großmutter hatte mir 1973 trotz des Widerstandes meiner Eltern ein Seil gekauft. Oma machte nämlich alles für mich und schenkte mir übrigens 1975 auch eine Spiegelreflexkamera – beides, Seil und Kamera bestimmen bis heute meinen Lebensweg.

Unser Abenteuerspielplatz waren die Berge vor der Haustür, die Kalkkögel. Mein Vater, der bis 1958 (mein Geburtsjahr) selbst ein extremer Kletterer gewesen war und mit mir einige Routen in den Kalkkögeln kletterte, meinte nämlich, ich sollte zuerst in den heimatlichen Bergen gut unterwegs sein, bevor ich irgendwo anders hinging. Diese Bruchgurken waren eine harte Schule und sie waren gefährlicher als jeder weiße Hai! Nicht Kraft, vielmehr Verwegenheit und gute Technik waren hier angesagt. Die Angst gehörte irgendwie zum Klettern dazu, wir kannten nichts anderes. In der Nacht vor einer schwirigen Route schlief ich schlecht und träumte die wildesten Sachen über die bevorstehende Tour. Nach meiner ersten Route mit Markus schrieb ich in mein Tourenbuch: »Ein Stein schlägt mir die Hammerschnur ab. Ich ziehe meine Reepschnur aus (Anseilmethode) und lege sie um einen lockeren Block, der im Band steckt. Markus muß nachkommen. Er darf nicht fliegen!« (Erstbegehung, Steingrubenkogel Gipfelaufbau, 4.8.1974)

Markus schrieb auch fleißig in sein Tourenbuch. Über die »Kalte Kante« an der Großen Ochsenwand vermerkt er: »Ich sitze am Einstieg und fürchte mich. ... Wir haben keine Standhaken. Es muß auch ohne gehen! Einige Meter weiter oben steckt ein verbogener Haken. Heinz beginnt, V+, diesmal kein Genuß. Als er beim Haken ist, muß er schnell einhängen. In der Eile macht er es verkehrt und es reißt ihn fast hinunter. Also auch das obere Stück ohne Sicherung!«

Beim Gedanken an diese Aktionen stellt es mir heute die Haare auf. Ich erinnere mich an den eigenartigen Geruch der Kalkkögel, an die klammen Finger in den kalten, oft nassen Felsen. Ich sehe die geschlossenen Risse vor mir, in die ich verzweifelt versuchte, eine halbwegs vernünftige Sicherung hineinzuschlagen, und ich sehe all die Schuppen, die mit den eingeschlagenen Haken ausgebrochen und in der Tiefe verschwunden sind. Klettern war eine todernste Sache. Es ging weniger um den Schwierigkeitsgrad, als vielmehr darum, eine möglichst wilde Route zu klettern. Eine schwierige, aber gut gesicherte Route konnte ja jeder klettern. Die Schüsselkar Südostwand oder die Nordwände der Zinnen stellten für uns keine echte Herausforderung dar. Routen wie der Vinatzer-Riss in der total brüchigen Stevia-Nordwand oder die Riepenwand-Touren standen hoch im Kurs der Innsbrucker Kletterelite. Kletterte man eine »normale« Sechserroute, war es total cool, nicht mehr als eine oder zwei Zwischenhaken pro Seillänge einzuhängen. Und als Mitglied der Innsbrucker Jungmannschaft musste man cool sein, wenn man etwas gelten wollte. Die Stars waren Michael Wolf und Robert Purtscheller, sie waren die selbst ernannten Indianer, die wild unterwegs waren, alle Regeln über Bord warfen und das auch in ihrem Lebensstil zum Ausdruck brachten – beide wurden wie Götter verehrt. Andere gute Kletterer wie z.B. Andreas Orgler, heute der bedeutendste Erschließer der Kalkwände der Stubaier Alpen, taten sich schwer, Anerkennung zu finden. Auch wenn ich ehrgeizig war und deshalb vielleicht ein Indianer sein wollte, fehlte mir das Zeug dafür. Ich führte ein zu normales Leben, machte z.B. das Abitur und hatte Angst vor wilden Touren. In Andreas Pölzl hatte ich einen guten Freund und Kletterpartner gefunden, der ähnlich gelagert war wie ich. Am 1. September 1975 überlebten wir in der Nordverschneidung der Kleinen Ochsenwand (VI) unser härtestes gemeinsames Kalkkögelabenteuer.: »Der Quergang ist so rauh und kleingriffig, daß es mir die Haut von den Fingern reißt. Aber ich darf nicht fliegen. Ein Sturz hätte zu 90 Prozent meinen sicheren Tod bedeutet. … Andreas muß nachkommen. Er darf nicht stürzen – ich muß mich schon mit einer Hand an einem Griff halten, um nicht aus der Wand zu fliegen. … Wir sind überglücklich, aus dieser Wand lebend herausgekommen zu sein.«

Seite 66: Kronennadel Westwand

Seite 68 links: Heinz Zak im Jahr 1974 in der Kronennadel Südwand

Seite 68 rechts: Markus Plattner in der Großen Ochsenwand

Bernhard Hangl in der Route »King Crimson«, Riepenwand

Meine schlimmste Kögeltour konnte ich bei Hanspeter Heidegger nur nachsteigen, mir fehlte der Mut, die Route unseres großen Altmeisters und Vorbildes Matthias Rebitsch vorzusteigen. »Der Riß ist überaus schwer und gefährlich. Hanspeter muß auf einen Block steigen, der nur lose an der Wand klebt. Ununterbrochen fallen Steine auf meinen Standplatz, die oft nur durch die Seilbewegung aus der Wand gerissen werden. In der ganzen Länge ist ein einziger schwindliger Stift. … Hanspeter steht in der Fifi (Trittleiter) und untersucht den alten Holzkeil mit dem morschen Schnürl. Da er kein neues einfädeln kann, hängt er es lose mit einem Ankerstich über den nassen Holzkeil. … Er ist schon knapp über dem Dachrand als er merkt, dass ein Griff geht. Er pendelt unter das Dach zurück. Im gleichen Augenblick reißt die morsche Reepschnur im Holzkeil und Hanspeter entgeht einem Sturz um zwei Millimeter – die neue Reepschnur, in der er hängt, liegt am äußersten Rand des Holzkeiles.« (10. Begehung »Rebitsch/Radinger« (VI/A2), Sonderbarer Turm, 22.8.1976)

Jahre später ist der Großteil der Route zusammengebrochen und liegt heute irgendwo im Schuttkar – ein Haufen unbedeutender Steine. Ähnlich geht es mir heute mit all dem Ehrgeiz und den Rivalitäten in der Jungmannschaft, sie sind Schutt von vorgestern! 1979 entdeckte ich das Freiklettern im Yosemite Valley in Kalifornien – gut gesichert das absolute Bewegungs- und Kraftpotenzial des Körpers ans Limit zu bringen und hierbei Grenzen zu verschieben, entsprach viel mehr meinen Veranlagungen. »Pushing the limits« war der Slogan, der mich fortan rund um die Welt begleitete.

Unten: Heinz Zak im Jahre 1975 in der
»Nordverschneidung«, Kleine Ochsenwand

Rechts: Auszug aus dem Tourenbuch von
Heinz Zak

Seite 71: Georg Walch am Karwendlerturm

---

22.8.76

**10. Begehung**

SONDERBARER-TURM WESTWAND 1⅛ VI+, VI

**Rebitsch - Radinger**

*einmal und nie wieder*

---

In den Kalkkögeln hing unser Leben mehr als nur einmal an einem seidenen Faden. Wie zufällig wir diese Zeit überlebt haben, wurde mir erst viel später bewusst, wenn wir hin und wieder den Kögeln einen Nostalgiebesuch abstatteten. Erst kürzlich wollte ich mit einem meiner jetzigen Kletterpartner, der gerade so fit war, um im unteren 10. Grad zu klettern, den Klassiker »Riepen-Verschneidung« (VI) wiederholen. Als er in der Verschneidung vorsteigen sollte, meinte er: »Ich will doch nicht sterben!« Wir seilten ab und kletterten das klassische »Fliegerbandl« (V+), früher eine beliebte »Männerroute«, in deren Quergang man die Freundin oder Frau schocken konnte. Es machte keinen Unterschied, dass ich die Route in Turnschuhen kletterte. Ich wunderte mich über die verdammt schlechten Haken, das alte Schlingengraffel an den Standplätzen, die grausligen Schuttbänder und all den Schotter auf den letzten 150 Höhenmetern in der Gipfelschlucht – wie konnte uns so etwas jemals Spaß machen?

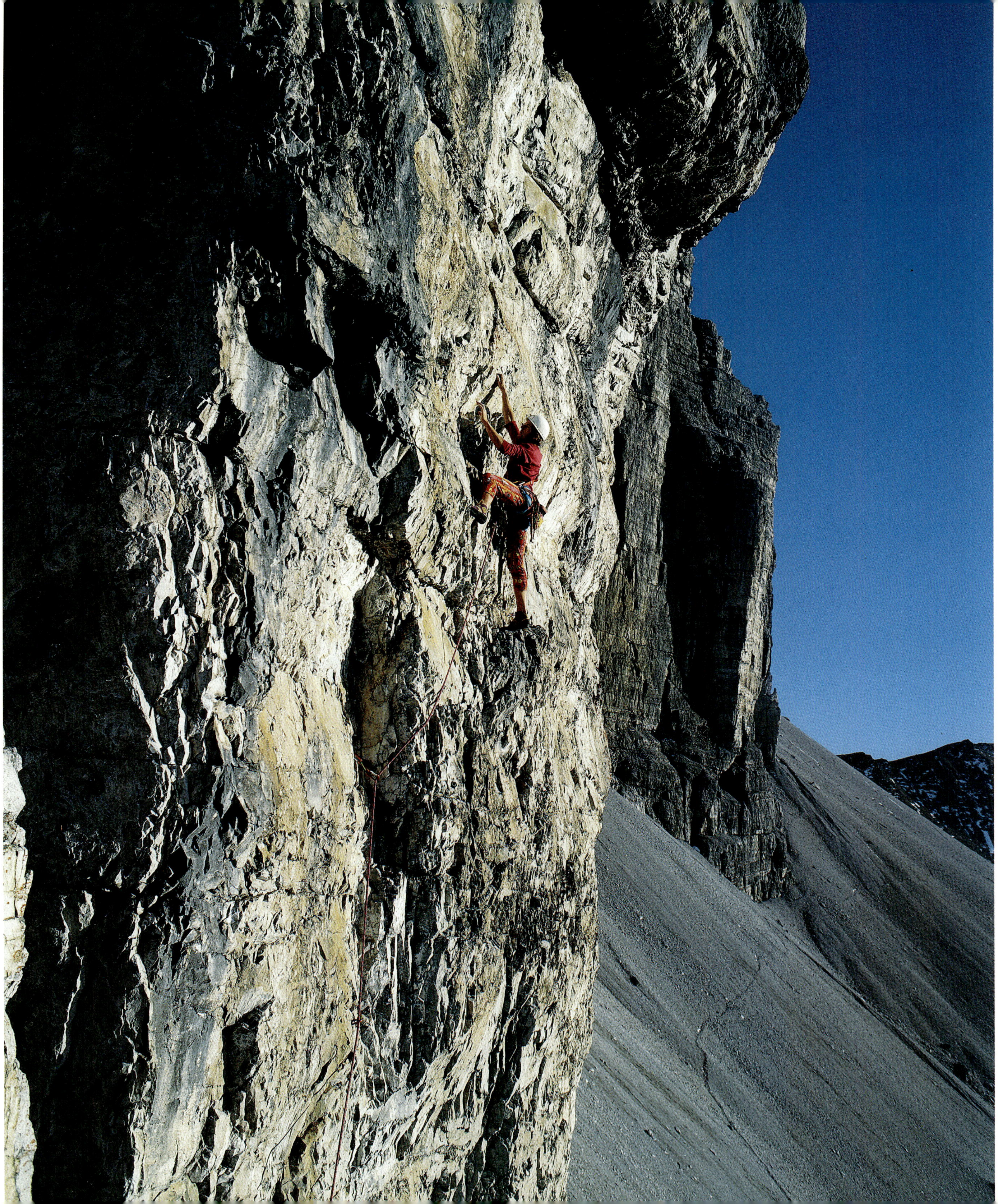

Im gesamten Ötztal gibt es seit über 20 Jahren eine Vielzahl kleiner Klettergärten, die anfangs hauptsächlich von Reinhard Schiestl erschlossen wurden und die schöne Routen in bestem Urgestein bieten.

Rechts: Markus Haid in »Fiasko«, 7c+, Klettergarten Niederthai

Unten: Hans Milewski in »Hartl Gartl«, 8a, Klettergarten Niederthai

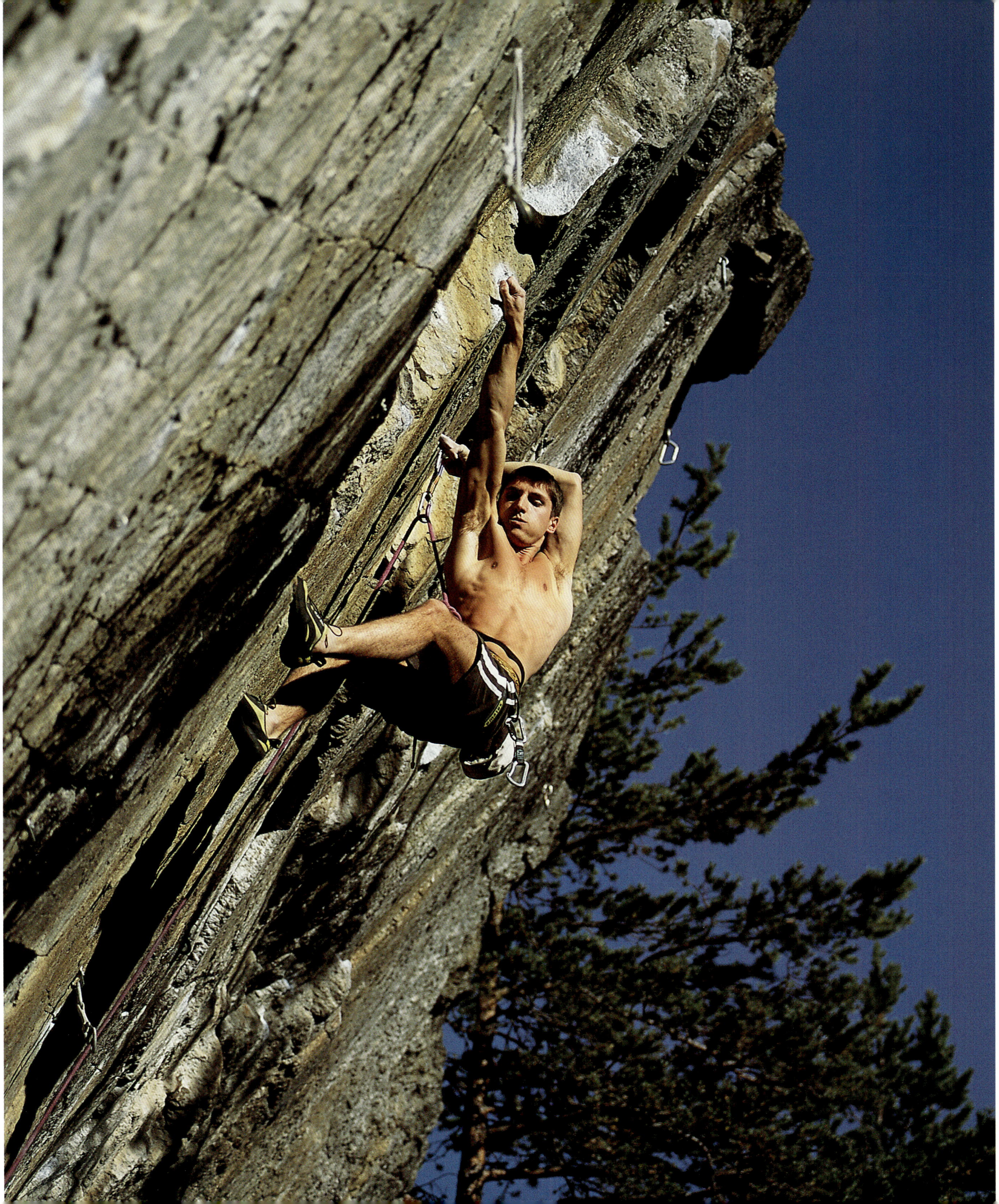

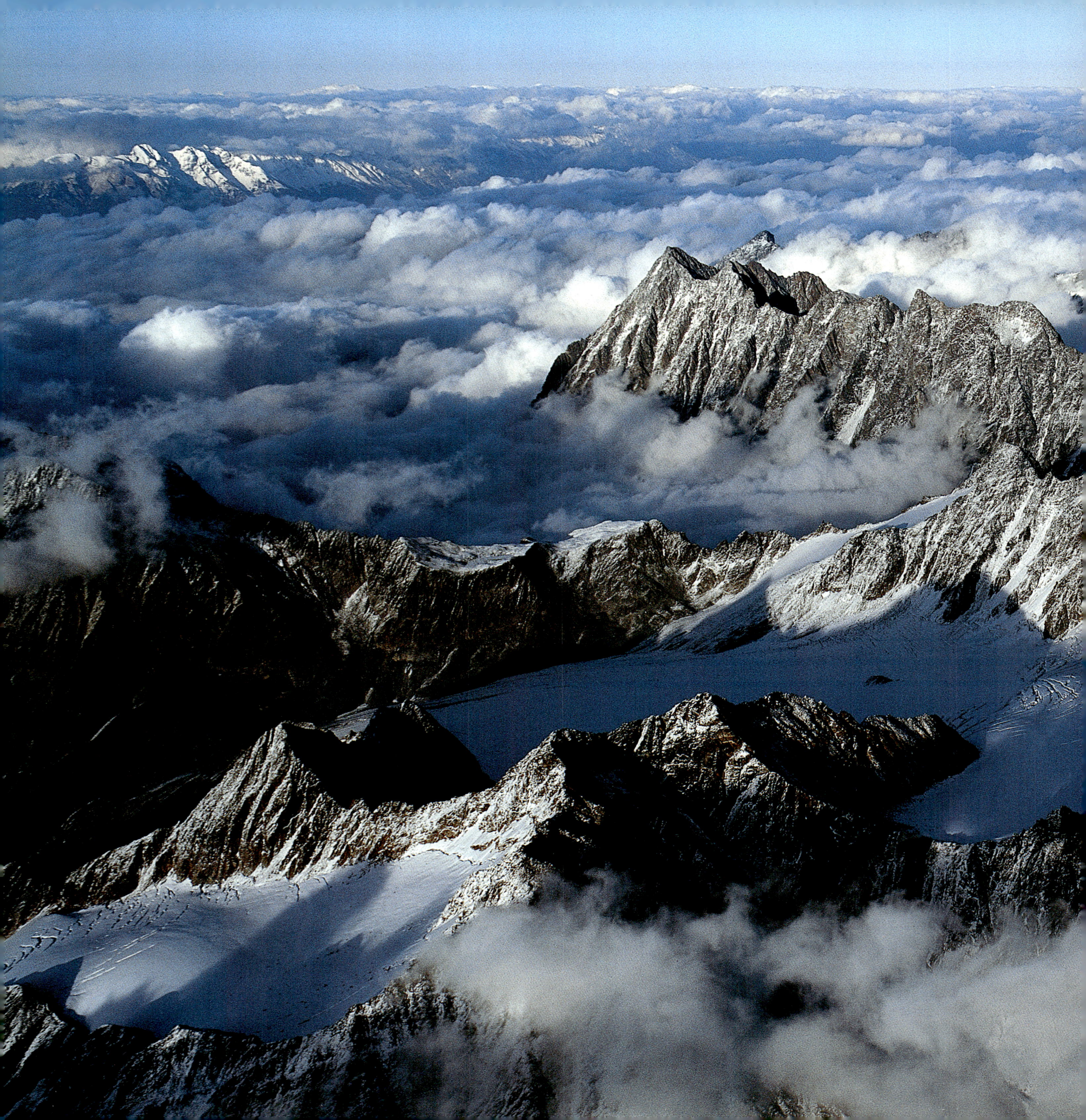

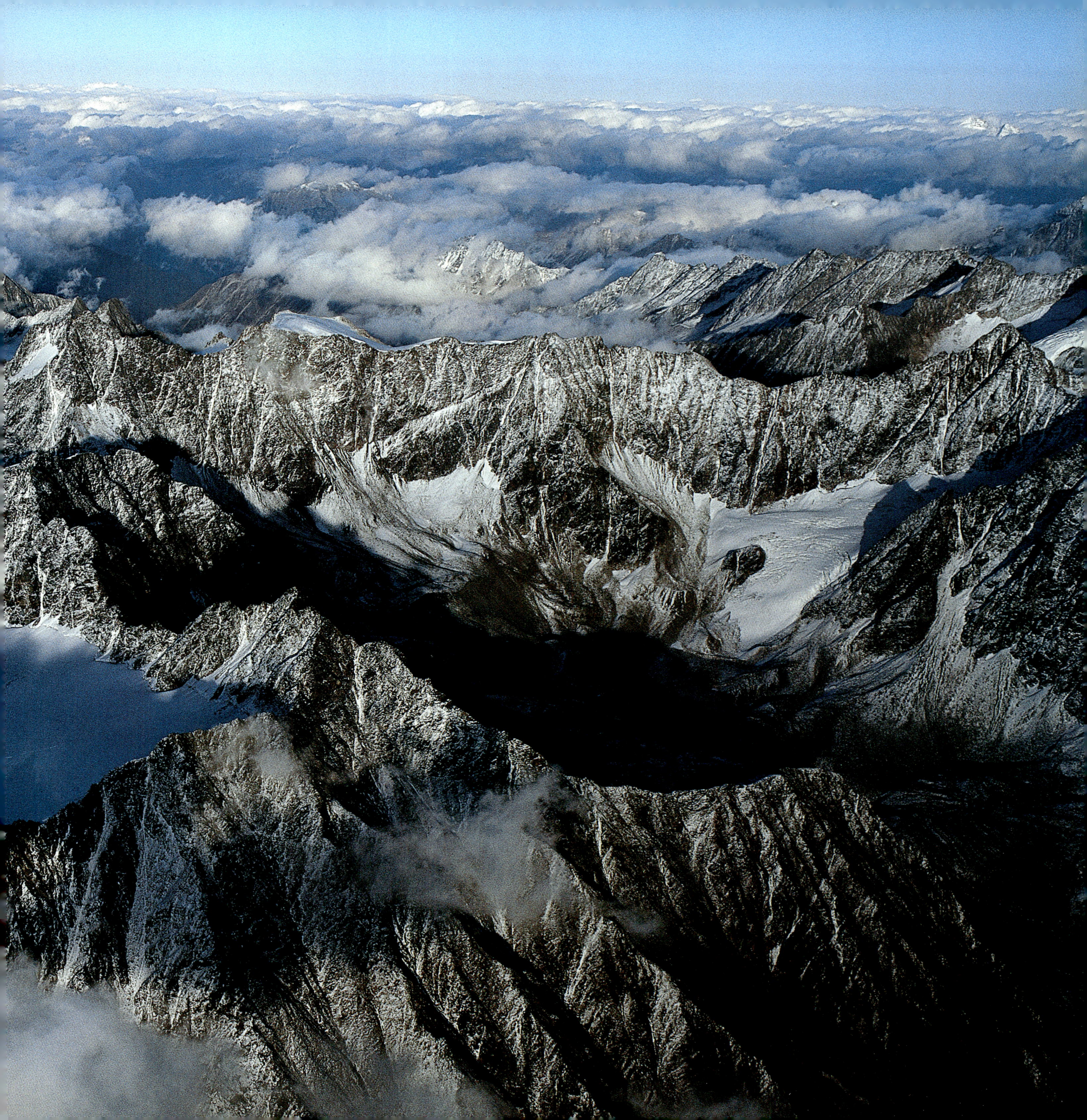

Seite 74/75:
Lisenser Fernerkogel und Brunnenkögel

Unten: Kastenwand und Jlmspitzen, Serleskamm

Andreas Orgler

# Der Flug der Zeit

Nach einer harten Arbeitswoche liege ich noch faul im Bett, schaue zum in Augenhöhe gehaltenen Schlafzimmerfenster hinaus, über Telfes hinweg zum Patscherkofel und genieße gedankenverloren vor dem endgültigen Aufwachen ein paar ruhige Minuten den Blick hinaus in eine herrliche Alpenlandschaft. Noch schläft die Familie und ich wechsle vom Bett zu einem Sofa im Wohnraum. Wie ein Fisch in einem Riesenaquarium sitze ich in dieser Raumkapsel mitten im Stubaital mit Blick über das gesamte Tal. Und es ist nicht ein normaler Raum mit einem klaren Innen und einem Fenster um hinauszuschauen; vielmehr ist es eine Verschmelzung zwischen Drinnen und Draußen, ein Spiel, nicht nur mit den räumlichen Grenzen, über Jahre erdacht im eigenen Kopf. Früher einmal lebte ich in Räumen mit Fenstern, sowohl im alltäglichen Leben als auch im Leben als Kletterer. Durch die Kletterei wurde mir klar, dass mein Leben oft in gedanklichen Zimmern stattgefunden hat. Anfangs war ein Raum mit einem Fenster. Aus der Geborgenheit der Wände beobachtete ich das Draußen durch diese Öffnung, ohne dabei die schützende Hülle zu verlassen. Jede größere Alpinkletterei bedeutete ein Loch in diesen Wänden. Immer mehr wurde mir bewusst, dass ich ein kleiner Teil des Ganzen bin. Der vermeintliche Schutz der Hülle entpuppte sich als Trugschluss.

Durch die Löcher blies kalter Wind herein. Wachgerüttelt sah ich auf einmal mehr als nur durch dieses erste eine Fenster. Es war ein langer Weg vom Raum mit einem Fenster bis zur Hülle, die das Draußen und Drinnen verschmelzen lässt. Und wie ich da so sitze und meinen Gedanken nachhänge, wandert der Blick über die einzelnen Bergspitzen bis ganz hinten hinein ins Pinnistal zur noch im Dunklen stehenden Kastenwand. In diesem Tal ist sie der Inbegriff von Unnahbarkeit. Gleich wandern meine Augen weiter an den Serleskamm bis hin zu den angenehm ruhigen, hügeligen Formen der Gleinser Höhen und dem Patscherkofel. Es ist noch früher Morgen und trotzdem bildet sich schon ein erstes ganz kleines zartes Wölkchen über dem Gipfel des Patscherkofels. Wunderschön reflektiert es das warme Licht der Morgensonne und ich beobachte das kleine Wölkchen auf seinem langsamen Zug Richtung Nordosten, wo es sich nach wenigen Minuten wieder auflöst – ein Schauspiel von Zeit und Raum, wie es jede Minute am Himmel irgendwo vorkommt, aber es bedurfte offensichtlich der Muße der Morgenstunde, um es wahrzunehmen.

Ein Erdbeben der Stärke 10 reißt mich aus meinen Tagträumen. »Papa«, »Guten Morgen«, wie ein Wirbelwind stürmen die zwei Buben, unsere »Spezialterroreinheit«, über die zwei Geschosse von Ihren Dachzimmern in den Wohnraum herunter. Und bevor man sich versieht, kommt Leben ins Haus, das Programm für den Tag wird gefordert. Es ist nicht leicht, an einem Familientag alles unter einen Hut zu bringen, und es erfordert taktisches Geschick, dabei nicht selbst unter die Räder zu kommen. Noch ganz im Zeichen der bereits aufgelösten Wolke am Patscherkofel versuche ich der Bande einen Ausflug aufs nahe gelegene Kreuzjoch vorzuschlagen. Es liegt 1100 Höhenmeter über unserem Haus, der Skibetrieb hat für die heurige Saison vor einer Woche geschlossen und somit sind die Pisten noch in gut präpariertem Zustand. Wie wäre es also, würden wir vier aufs Kreuzjoch wandern und dabei den Lawinen beim Herunterstürzen über die Kalkkögelwände zusehen? Selbstverständlich würden wir unsere Sportgeräte mitnehmen, um den »Abstieg« möglichst freudvoll zu gestalten. Für Geli und die Kinder stünde somit eine Skitour im Programm und für mich wäre nach gemeinsamem Aufstieg ein Drachenflug möglich. Beim Frühstück im Sonnenschein beschließt der vollständig versammelte Familienrat den Vorschlag anzunehmen.

13,5 m Spezialstoff, 1 Kiehlrohr, 2 Flügelrohre, 1 starker Querholm und 28 Segellatten sowie 1 dreieckiges Gestänge darunter, mit ein paar 2 mm starken Drahtkabeln verspannt, das ist die moderne Variante zu den mit Bienenwachs verklebten Federflügeln des Ikarus. Noch stehe ich mit beiden Beinen fest am Boden der Startrampe, auf den Schultern den 35 Kilogramm schweren Drachen, und beobachte die Luft, in der es für das Auge nur scheinbar nichts zu erkennen gibt. Die Gräser und Baumspitzen wiegen im Wind, und die Wolken, einige hundert Meter über mir, beginnen langsam zu wachsen. Noch liegt im Tal eine leichte Inversion, die man an ihrer anderen Färbung erkennen kann. Aber als ein Greifvogel und mehrere Raben, ohne einen einzigen Flügelschlag kreisend, immer höher kommen, ist der Zeitpunkt für den Start gekommen. Es sind nur drei, vier Schritte über eine steile Rampe in den Wind, eine scheinbar leichte Tätigkeit, aber in Wirklichkeit ein emotionales Abenteuer. Es ist ein Loslösen vom Gewohnten, vom Vertrauten, vom Boden, ein Abschied von der Frau und von den Kindern, ein Schritt in eine andere Welt.

Der Himmel wird immer blauer, der Horizont wird immer weiter und man muss nur hoch genug steigen, um zu sehen, dass die Erde tatsächlich rund ist. Angelangt bei der Basis der Wolken erhält der Himmel doch noch einen Deckel. Nach einigen Minuten des schwerelosen Aufkreisens schaue ich nun das erste Mal wieder nach unten und erkenne die mir über so viele Jahre lieb gewordenen schroffen Kalkzinnen der Stubaier Kletterberge. Wie Finger ragen sie aus den verschneiten Karen Richtung Luft herauf und scheinen nach den Wolken zu greifen. Wie wunderschöne Miniaturen stehen sie da, die großen Träume meiner Klettervergangenheit, überzogen mit einem Netz von Routen, geklettert von oftmals das Leben riskierenden, jungen, wilden Hunden, angefangen von Melzer über Auckenthaler, Rebitsch, Buhl bis zu uns damals jungen Schotteranarchisten der Innsbrucker Jungmannschaft. Jetzt liegt es da, das Netz der Routen, wie ein Friedhof von Abenteuerleistungen, heute kaum mehr beklettert, nur mehr mit Ehrfurcht besucht. Aus der Luft gesehen sind die im Kopf der Kletterer lebenden Berge unter einer schaurigen Schuttschicht verborgen; der Schutt liegt nicht nur in den Karen sondern auch auf den Gipfeln; nicht einmal die kleinste Zinne ist von diesem Phänomen ausgenommen und auch mir treibt dieser Anblick einen leichten Schauer auf den Rücken. 25 Jahre sind vergangen, seitdem ich meine ersten zaghaften Kletterversuche in diesen wilden Türmen gemeinsam mit meinem Freund Michael unternahm. Es waren tolle Abenteuer; jedes einzelne hat meine Persönlichkeit geformt und den Maßstab der Wertigkeiten zurechtgerückt. Während ich so gedankenverloren über der Pfriemesnadel, meiner ersten Klettertour in dieser Gegend, in einem sanften Aufwind kreise, kommt mir die Idee, diesen schönen Frühlingstag für einen

*Glück – Angelika und
Andreas Orgler 1984*

Flug in die Vergangenheit zu nützen. Weite Reisen durch die Luft hat mir mein Drachen schon geschenkt. Flüge mit 250 km und mehr habe ich erleben dürfen. Aber wie wäre es, in einem Flug alle Kletterwände der Stubaier zu besuchen und aus der Luft die Erinnerungen wieder zu wecken?

Erzählt man heute Kletterern von anspruchsvollen Abenteuern und tollen Kletterrouten in den Stubaier Alpen, so zieht sich ein leichtes Lächeln über ihr Gesicht. Unter den Einstiegen dieser Wände werden dieselben Gesichter jedoch in höchstem Maße konzentriert und ernst. In dieser Gegend ist kein Rekord möglich, die Schwierigkeitsziffern erschrecken niemanden. Die nicht vorhandenen Bohrhaken und die Pflicht zur Selbstabsicherung der Routen quält die Gemüter der Kletterer. Nur wer tiefste Verbundenheit mit dieser Art von Natur lebt, kann hier schwierige Routen klettern. Fast kommt der Eindruck auf, nur diese Spezies von Kletterern wird von den Bruchwänden geduldet; alle anderen werden vor dem Einstieg vom Steinschlag verjagt, oder vom Gezirpe der Graswiesen betört und abgeworben, um den Tag, anstatt in den senkrechten gelbschwarzen Wänden, mit entspanntem Liegen in den warmen Almwiesen zu genießen. Manchmal werden Kletterer auch von den Wänden selbst verächtlich abgeworfen. Dass manch einer dabei sein Leben ließ, trug zur heute vorhandenen Einsamkeit der Wände weiter bei. Wahre Horrorgeschichten kreisen um diese teilweise nur 40 Meter hohen Türme, die, versteinerten Sagengestalten gleich, vom Grat aus in die Ferne schauen. Aus der Luft betrachtet wirken Kuno Rainers Ostwand des Wieserturms, seine Südostwand der Melzernadel oder seine Südwand an der Westlichen Nadel, gemeinsam mit Hias Rebitsch begangen, sowie auch meine eigene Route am Nadelsockelturm wie lächerliche kleine Kieselsteine. Aber ich kann mich noch gut an jede einzelne Begehung dieser Routen erinnern und mir ist auch heute noch allzu gut bewusst, dass ich für jede einzelne mehr Mut, Überwindung und Konzentration aufbringen musste, als z.B. für die 1600 Meter hohe Eiger Nordwand. Wenn die Sicherung schlecht bzw. nicht vorhanden ist und die Brüchigkeit des Griffes vom Begeher falsch bewertet wird, dann ist es ziemlich einerlei, wie lang der Sturz ins Bodenlose dauert; sind es 40 Meter oder 1500 – am Ende ist das Ergebnis dasselbe.

Das Typische an allen Kalkkögelklettereien und an den Turmklettereien im Besonderen, war immer, dass es sich um die Bewältigung von ausgeprägten Mutstellen handelte. Im jugendlichen Wettbewerbsfieber wurde daraus meistens ein Triathlon besonderer Art kreiert. Natürlich war der Kern des Bewerbes die stilvolle Bewältigung von an und für sich, mit normalen Kletterzügen, nicht zu bewältigenden kurzen Kletterungetümen. Meist wurde der zweite Bewerb, das Biertrinken, zeitlich nach taktischen

*Zufriedenheit – Riepenwand,*
*»Mauerläufer«, 1. Begehung 1980*

Kriterien eingesetzt. Galt es, ein Fest zu feiern, wurde dieser Bewerb auf den Abend verlegt, galt es die Nerven zu beruhigen, wurde er meist der Kletterei vorgezogen. Zu aller Belustigung und zur Intakthaltung des sozialen Gefüges der Klettergemeinschaft gesellte sich der dritte Bewerb hinzu. Hierbei gab es immer Geber und Nehmer. Die Geber waren die Freunde, die die Kommentare zur Leistung beim Klettern geben durften; diese reichten in einer genau skalierten Abstufung von großer Bewunderung für den Stil des Begehers, über abschätzige Kommentare zu gerade noch gut gegangenen Überlebenstrainings, bis hin zum Ausdruck der Unglaubwürdigkeit für eine dargebotene Leistung. Sowohl Lob als auch Kritik kamen immer direkt und unmissverständlich. Und somit war eigentlich der dritte Bewerb dieses Triathlons schon die soziale Preisverteilung. Ort derselben war jedes Mal die Adolf-Pichler-Hütte und statt fand sie immer in Wort und Schrift. Für die schriftliche Ausführung gab es ein Hüttenbuch, das in seiner zweibändigen Ausführung alle Kletteraktivitäten seit den 30er Jahren des letzten Jahrhunderts dokumentierte; womit eigentlich bereits eindeutig die Frequenz der Klettertätigkeit im gesamten Gebiet belegt ist. Die verbale Ausführung war im positiven Fall ein nettes anerkennendes Gespräch mit allen Freunden, im Fall eines Sturzes die Ehre, eine so genannte Lisl (ein 3 Liter Krug gefüllt mit Bier) bestellen zu dürfen und die Runde gehen zu lassen, und im schlechtestmöglichen Fall eine nonverbale Kommunikation oder zumindest keine direkte, was so viel bedeutet, dass mit dem Ziel der Attacken, dem Nehmer, kein Kontakt gesucht wurde, aber in seiner Abwesenheit mit heftigster Munition auf das Opfer geschossen wurde. Der letztgenannte Preis war besonders lang anhaltend und eindrucksvoll und ich weiß, wovon ich rede, war ich doch einige Male besonders schmerzlichen Kommentaren ausgesetzt. Gipfel dieser Erlebnisse war die Begehung des Riepenpfeilers, der von meinen Freunden den Schwierigkeitsgrad 3 nach unserer dreiteiligen Skala zugesprochen bekam. Aufgebracht wurde die damalige Einstufung für Insider-Kalkkögelklettereien von einem offensichtlichen Mathematikgenie, welches es geschafft hatte, die Welt, zumindest die kletternde, auf eine einfache Formel zu reduzieren, die da lautete: 1 bedeutet easy, 2 bedeutet noch easier, 3 bedeutet glaube ich nicht; allein schon daran konnte man die besondere Leichtigkeit des Seins erkennen.

Wie bin ich froh, dass es beim Fliegen die GPS-Dokumentation und den Online-Contest gibt. Es ermöglicht sorgenlos das Dokumentieren jenseits jeglicher Diskussion. Aber gegen die natürlichen Gesetzmäßigkeiten der Luft erscheint die Kletterei der Kalkkögel als reine Anarchie. Ich war sehr jung, voll Tatendrang und wollte um alles in der Welt eine besondere Leistung bringen. Klettern hat mich damals viel gekostet, vor allem viele, viele Nerven, in den langen Jahren danach das Leben von vielen Freunden und manchmal auch fast das eigene.

Nicht nur vom Boden aus, nein auch aus der Luft ist die Riepenwand die beeindruckendste Felsmauer der ersten Kette der Stubaier Kletterberge, der Kalkkögel. Ohne Zweifel sind in dieser Wand die lohnendsten und ernstesten Klettereien des Gebietes. Hier wurde immer wieder Innsbrucker Klettergeschichte geschrieben. Die Ernstheit, die Sicherungsfeindlichkeit, die Voraussetzung der absoluten Beherrschung des Schwierigkeitsgrades und die notwendige Entschlossenheit trennten bereits immer schon vor dem Einstieg die Spreu vom Weizen der Kalkkögelkletterer, wenn beim Annähern an diese Wand die Mauer immer steiler in den Himmel zu wachsen begann. Es war die zweite Hälfte der 70er Jahre des letzten Jahrhunderts, als vor allem drei junge Innsbrucker das Klettern in den Kalkkögeln neu definierten. Sie brachen sowohl durch ihre Kletterakrobatik, ihren bewussten Verzicht auf Sicherungsmittel und ihre kryptischen Kommentare über bis dahin erbrachte Leistungen verkrustete Strukturen auf. Es waren Robert Purtscheller, Michael Wolf und Reinhard Schiestl, die als erste eine neue Kletterphilosophie in diese Wände trugen. Nicht nur ihre gekonnten Kletterbewegungen ließen an Indianer erinnern, sondern vor allem auch das Bestreben, keine Spuren zu hinterlassen und niemand anderen mit dem eigenen Tun zu beeinflussen. Es war die Zeit, in der die Dauer von Seillängen in gerauchten Zigaretten gemessen wurde, der bereits zaghaft eingeführte Bohrhaken geächtet wurde und die Ehrfurcht vor dem Althergebrachten den Bach hinuntergeschwemmt wurde. Es war die Zeit, in der ich zu klettern begann, und es erfüllte mich mit Stolz und Freude, mit diesen drei Kletterhäuptlingen manchmal auch im geheiligten Gebiet der Kalkkögel unterwegs sein zu können.

Als Heinz Zak mit bemerkenswerten Klettereien und Erstbegehungen in die Szene der Jungmannschaftler kam und mit seiner Erstbegehung »Schwarzer Spaziergang«, ganz entgegengesetzt dem leichtfüßigen Namen, eine für damalige Verhältnisse doch anspruchsvolle neue Tour schuf, wurde dieser Name aufgegriffen und in einer anderen Wand aufgrund der dort herrschenden botanischen Verhältnisse als »Grüner Spaziergang« wiedergegeben. Somit war die Zeit der Spaziergänge eröffnet und gipfelte schließlich im »Graugrünen Spaziergang durch die rosarote Brille«. Die Führe »Rausch Dampfl« stammte zwar aus einer früheren Epoche, wurde jedoch aufgrund einer typischen Kalkkögeleinzelstelle und der Persönlichkeit der Erstbegeher voll akzeptiert, waren doch sowohl Robert als auch Gaga echte Schotterveteranen und Gaga beeindruckte zudem noch mit seiner überlebten Anzahl an Flugmetern (gerüchteweise über 1000). Ernsten Erstbegehungen wurden auch ernste Namen gegeben. So wurden die zwei damaligen Highlights der Riepenerschließung »King Crimson« und, folgerich-

*Einsamkeit – Riepenpfeiler,*
*1. Begehung 1980*

tig fortgeführt, die noch schwierigere Route »Super Crimson« genannt. Der Name »Hyper Crimson« blieb auf ewige Zeit ein Arbeitstitel. Beide Routen dokumentieren noch heute den damals epochalen Schritt, weg von der Risskletterei hin zu den unsicherbaren, senkrechten kleingriffigen Wandstellen der Riepenwand. Run outs mit 10 und mehr Metern mussten in beiden Routen geklettert werden und wurden zu echten Herausforderungen für die damalige Kletterjugend. Beseelt vom Drang zum Besonderen und von der Idee, einen Schritt weiter zu gehen, wagte ich mich nur wenige Jahre nach der Erstbegehung an die erste Solobegehung eines dieser beiden Heiligtümer, nämlich an die »King Crimson«. Dabei machte ich fehlendes Können durch extremen Einsatz und Opferbereitschaft wett. Dass die Geschichte im Fels gut ausgegangen ist, kann man daran erkennen, dass der damalige Kletterer der heutige Schreiber dieser Zeilen ist. Das klettersoziale Ergebnis dieser Aktion war jedoch ein Schritt Richtung Abgrund. Der Bogen der Kommentare spannte sich von Missachtung bis zu Ungläubigkeit. Angesichts des hohen persönlichen Einsatzes, den mir diese Begehung damals abverlangt hatte, der erlebten Angst und der freundschaftlichen Missachtung wurde die geplante Gleichung zu einer Ungleichung. Es folgte eine Zeit voller

Training und Pläneschmieden, ein Sommer mit vielen wilden Touren, halsbrecherischen Solobegehungen und einigen Erstbegehungen in den entlegensten Schuttecken des Gebietes, aber vor allem brach eine bis dahin trotz aller Anarchie recht heile Jugendwelt in sich zusammen. Es folgte aber auch der erste richtige Höhepunkt in meiner Kletterlaufbahn, das erste richtig große Ziel. Damals war ich bereit, alles dafür zu geben, um dieses Ziel zu erreichen; und ich meine wirklich alles. Das Objekt der Begierde war der zentrale Pfeiler in der Riepenwand, der Riepenpfeiler; für uns war er wie ein Heiligtum. Die jeweils besten der verschiedensten Innsbrucker Klettergenerationen hatten sich bereits daran versucht. Es war der 16. September 1980, als ich nach zwei vorangegangenen Versuchen schlussendlich allein dieses Juwel der Kalkkögelkletterei in Angriff nahm. Mit dabei hatte ich jede Menge Klettermaterial für freie und künstliche Kletterei, zwei Seile, Proviant für zwei Tage, viel Angst und einen Fotoapparat. Die Angst war zeitweise lähmend und zeitweise motivierend, der Fotoapparat half, die wichtigsten Stellen und manchmal auch meine Gesichtsausdrücke zu dokumentieren, und das Klettermaterial, vor allem das für die künstliche Kletterei, half mir, aus manchmal schier ausweglos scheinenden Kletterstellungen heraus zumindest eine technische Lösung für das jeweilige Kletterproblem zu finden. Ergebnis war nach zwei Tagen meine bis damals anspruchsvollste Kletterroute in psychischer und physischer Beziehung.

Noch einmal ziehe ich zwei Sonderkreise mit meinem Drachen über diesen schaurigen Abgrund des Riepenpfeilers und bin

*Freiheit – Schlicker Seespitze,*
*»Göttlicher Wahnsinn«,*
*1. Begehung 1983*

irgendwie froh, dass er hinter mir liegt. Mein Variometer beginnt zu piepsen und reißt mich aus den Träumen der Vergangenheit. Ich drehe den Drachen in die aufsteigende Warmluftblase ein, steige höher und höher, bis dieser Pfeiler etwas unwichtiger und kleiner geworden ist und überquere scheinbar mühelos den Kamm der Kalkkögel von der Westseite zur Ostseite. Heute, mit dem Drachen, gelingt mir dieser Sprung in wenigen Minuten. Vor über 20 Jahren nahm es drei Jahre in Anspruch, um von der für mich so wichtigen Begehung des Riepenpfeilers auf die andere Seite der Kalkkögel zu gelangen, auf der nicht nur ein neuer Pfeiler und neue Freunde warteten, sondern auf der sich auch die Wunden schlossen, die sich durch zu viel negative Kommentare weit in meine Psyche geschnitten hatten. Vor allem jedoch lernte ich auf dieser anderen Seite Geli kennen, meine heutige Frau, die mir damals den Glauben an das Gute wiedergab. Ich ziehe ein paar weite Kreise über die warme Ostseite der Seespitze und schaue hinunter zu Geli und den Buben, wie sie gerade mit den Skiern Richtung Tal fahren.

Vor zwanzig Jahren war es umgekehrt; da saß Geli mit dem Fotoapparat in der Hand gute sieben Stunden auf einem felsigen Aussichtsposten, um mich bei einer meiner wildesten Soloerstbegehungen zu fotografieren. Nicht nur die Idee, diese Tour auszuführen, auch die Idee, die Freundin als Fotografin für die Dokumentation solch einer Wahnsinnstat zu missbrauchen, gaben der Tour schlussendlich den Namen der »Göttliche Wahnsinn«. Während ich so schwerelos an meinem Drachen hängend durch die Luft gleite, erscheint mir jedoch die Sicht zu damals versperrt oder zumindest getrübt durch eine Nebelwand. Heute sind diese Wände für mich mit Geschichte belegt, damals konnte ich jede einzelne dieser Kletterstellen in Form von Grifftabellen darstellen, alle Risse genau zeichnen, und dieser detaillierte Mikrokosmos war mein ganzes Leben. Damals habe ich mein Ziel gesehen und habe versucht es dann zu erreichen. Heute erreiche ich mein Ziel, das man nicht sehen kann, drehe ein und freue mich über sanftes Steigen, den sinkenden Horizont und den weiteren Blick. Schon kann ich über zwei Täler hinweg die stolzen Berge der Tribulaune erkennen, eine weitere Station bei meinem Flug durch die Zeit. Gedanken wechseln in Windeseile; fast noch schneller als ein

Ortswechsel mit dem Drachen möglich ist, gleitet die Erinnerung von der Kette der Kalkkögel zu der gruseligsten Ecke der gesamten Stubaier Kletterberge, der Nordwestwand des Obernberger Tribulauns.

Bis 600 Meter ist die Wand hoch und ebenso breit, kompakt und steil. Schon von der Ferne ist der Fels unschwer als Bruch zu erkennen. Kalk wechselt mit marmorähnlichen Streifen und Schieferschichten ab, alles horizontal gelagert. Die vertikale Gliederung beherrschen drei Wasserstreifen, die den großen Schluchten des obersten Wandteils entspringen. Und dann gibt es noch die Rissreihen – fünf Stück an der Zahl. Die östlichste wurde die bis dahin verwegenste Route der Tribulaune. Ihr Name »Der Himmel kann warten« drückt nur annähernd die Gefühle während der Erstbegehung aus. 20 Meter rechts der gelben Nase kletterte ich 1982 18 verrückte Seillängen in 12,5 Stunden.

Nach dieser vierten Neutour in dieser Schreckenswand schien es mir nicht mehr erstrebenswert, auch noch das fünfte Risssystem zu erklettern. Doch die Zeit heilte alle Wunden. Verdrängt wurden die Schiefereinschlüsse und die faustgroßen Steine, die manchmal wie Geschosse an uns vorbeigeschleudert worden waren. Weder Genuss noch gesellschaftliches Ansehen waren in dieser Wand zu erwerben. Lediglich die Sockel der »Schwarzen Mannder« in der Innsbrucker Hofkirche sind bisher hier gewonnen worden.
Der Blick nach oben wirkte etwas lähmend. In ihrer Gesamtheit betrachtet erweckt diese schiefe Rissreihe wenig Zuversicht. Ich wußte nicht genau, warum ich wiedergekehrt war. Es war eine Art Fernsteuerung, eine magische Anziehungskraft. Als ich mich in die Enden des Doppelseils einband, konnte ich nicht klar feststellen, ob die Klammheit in den Fingern von der morgendlichen Kühle oder von einer inneren Angst ausgelöst wurde. Schwerfällig stieg ich die ersten leichten Meter empor. Ängstlich querte ich nach links in die erste stumpfe Verschneidung. Langsam begann ich mich nur mehr auf die jeweiligen drei Meter Fels vor mir zu konzentrieren. Die Beine waren zum Äußersten gespreizt, standen auf Miniaturleisten, während die Finger in der Ritze im Verschneidungsgrund Halt suchten. Bedächtig war die Kletterbewegung, aber allmählich löste sich die Beklommenheit. Fünf Zwischenhaken und 40 Meter weiter erreichte ich den Kopf der Schuppe. Der Einstieg in die nicht enden wollende Riss- und Verschneidungsreihe war geglückt. Die nächste Seillänge war der blanke Horror. Dunkelgelb und hellgrau, links abdrängend und mit Dächern bewehrt, zog der Riss im Verschneidungsgrund Richtung Himmel. Nach 40 Metern begannen meine Beine zu verkrampfen. Der endlosen Spreizerei waren sie nicht pausenlos gewachsen. Aber wo ankern, wenn kein Land in Sicht war? Der Kapitän führte gegen die Meuterei des Fußvolks einen verzweifelten Kampf. Der Aufgabe nahe, spreizte ich mich gegen den Strom der Schwerkraft. Im breiter werdenden Riss bekamen nun auch die Arme das ihre zu leisten. Der Weiterweg wurde dubios. Ein Meer von kleinen Dächern wirkte wie Brandung an der Steilküste. Die Angst vor dem Ertrinken wuchs. Zwar zog die Rissreihe als grober Leitfaden weiter, doch Unterbrechungen, schlechtester Fels und Steilheit wirkten beklemmend. Wie ein Schiffbrüchiger hielt ich mich die nächsten zwei Seillängen an allem fest, was herumtrieb. Große

*Angst – Obernberger Tribulaun,*
*»Grauen, Gruseln, Gänsehaut«,*
*1. Begehung 1983*

Blöcke, schlechte Haken, schwer zu legende Keile und zwischendurch zwei splittrige Wandstellen forderten maximale Konzentration.

Der Riss war ein Ekel. Ich stieg weiter bis in eine große Nische, fast schon eine Höhle. Kalt zog es aus dem Inneren des Berges heraus. Die Fortsetzung der Kletterei? Es gab keine mehr – hoffnungslose Sackgasse. Gemeinsam mit meinem Leidensgenossen versuchte ich, das Motiv für den Rückzug zu finden. Wortloses Verstehen auf beiden Seiten und bleiche Gesichter, als die Seile hinunterhingen. Sie weisen den Weg in die schrecklichen Überhänge links der Route. Wir saßen inmitten der Wüste, und der Rückzug war eine Fata Morgana. Das Ziel musste der Horizont bleiben, doch der war aussichtslos weit über uns. Mit jedem Meter, den ich weiterkletterte, schien er sich ebenfalls höher zu schieben. Endlos war das Fürchten. Vier Seillängen äußerster Angespanntheit folgten. Abwechselnd verklemmte ich den Körper im überdimensionalen Riss, spreizte dann wieder über Überhänge, um schließlich meine Finger in grasigen Erdpolstern zu vergraben. Als wir spätabends die letzten Meter durch die mit Schneefeldern gespickte Ausstiegsschlucht kletterten, empfanden wir nur Dankbarkeit. Die Erlösung von »Grauen, Gruseln, Gänsehaut«.

Seitdem sind Jahre vergangen. Geblieben ist die Erinnerung an Furcht und Einsamkeit. Fast unverständlich erscheint mir heute unser Tun von damals.

Die Eiseskälte dieses Erdenwinkels beeinflusst nicht nur den Kletterer, sondern erfordert auch heute als Drachenflieger von mir einiges an Aufmerksamkeit, da das Flair dieser Wand sogar jegliche Thermik tötet. Bevor ich zu tief sinke und zu einer Notlandung im Hinterenskar ansetzen muss, gleite ich hinaus aus diesem emotionalen Eiskeller, um die Ecke herum, zum lieblichen und wunderschönen Obernberger See. Hier hebt sich nicht nur die Luft, nein auch die Stimmung. Die fast schon gefährliche Bodennähe verwandelt sich in spielerischer Leichtigkeit wieder zu einer vernünftigen Flughöhe jenseits der 3000-Metergrenze, erweckt Wünsche nach neuen Zielen, Zielen in der Sonne, Zielen der Freude ohne Schwermut.

Nach 21 Erstbegehungen an den Ilmwänden war es eine logische Folge für mich, auch einmal einen Versuch an der Kasten-

*Schönheit – Äußere Ilmspitze,
»Chaos«, 1. Begehung 1990*

wand zu unternehmen. 28000 Quadratmeter leicht überhängender und noch nie durchstiegener Fels standen zur Verfügung, mit insgesamt 250 Metern Höhenunterschied. Keine Risssysteme, keine Verschneidungsreihen – keine klare, abzusichernde Linie war erkennbar. Keine Bohrhaken und möglichst alles frei, machte ich mir zur Selbstauflage, da ich mir von dieser Wand eine tiefe Reise in mein Inneres erwartete.

Unser erster Versuch von 1983 erscheint mir heute fast wie eine Entschuldigung, bis dahin trotz eingehender Suche keine Linie gefunden zu haben. Der »Gegner« war von lähmender Übermacht. Es war der falsche Weg, sich mit der Wand messen zu wollen. Der heroische Zugang über eine »Bezwingung« erwies sich nicht gerade als richtiger Ansatz für eine Problemlösung. Zwei Jahre später war die Kletterbarkeit der zweiten Seillänge das Ziel, nicht mehr der Wanddurchstieg. Zwei Stunden später war die Frage positiv beantwortet. Bei zwei weiteren Versuchen gelang der freie Durchstieg bis zur Wandmitte.

In den folgenden Jahren kamen immer wieder Zweifel über eine bohrhakenlose und freie Kletterbarkeit der Kastenwand auf. Ich freundete mich mit dem Symbol des »unmöglich für mich« an. Erst 1990 gelang mir gemeinsam mit meinem langjährigen Freund Otti Wiedmann die erste Durchsteigung. Sieben Jahre dauerte die Beschäftigung mit der Wand. Sechs Versuche, Ordnung ins Chaos zu bringen, der siebte erreichte sein Ziel. Doch alles, was ich in der Abendsonne am Ausstiegsband liegend verspürte, war Leere, eine gewisse Traurigkeit, ein so lieb gewonnenes Problem gelöst zu haben. Die Kastenwand ist nun zwar kein Fragezeichen mehr, dafür bietet sie jetzt hervorragende Freikletterei in festem Fels, wo alle Haken stecken und wo trotzdem noch viel Platz für Kreativität bleibt.

Das warme Licht der Nachmittagssonne erwärmt die Wände und die Schuttkarre an der Westseite des Pinnistales und versetzt so die Luft in eine tragende, sichere Aufwärtsbewegung. Ein schwereloses, fast unwirkliches Gleiten, vorbei an all den fantastischen Klettererlebnissen vergangener Jahre führt zu einem rauschähnlichen Zustand und lässt sowohl Raum als auch Zeit immer unwirklicher werden. Ich überfliege die Pinnisalm, schaue hinunter zu den wasserüberronnenen Steilwänden am Talboden unterhalb der Kirchdachspitze und denke zurück an meinen gebor-

*Ausgesetztheit – Tintenstrichwand  
N-Wand, 1. Begehung 1984*

genen Raum mit diesem einen Fenster. Durch dieses Fenster sah ich keine Wasserfälle. Die sah ich erstmals durch die Löcher in der Wand. Von meinem Platz aus unerreichbar funkelten die eisigen Säulen märchenhaft schön und zugleich unwirtlich feuchtkalt zu mir herein. Immer öfter begann ich vom Sofa und vom warmen Ofen wegzugehen, hinaus in die eisige Winterlandschaft, um die gläserne Vergänglichkeit der winterlichen Wasserfälle zu begreifen. Auf der Suche nach neuen Horizonten fand ich eine Art Paradies. Mit »Männer ohne Nerven« gelang der Seilschaft Martin und Andi die erste richtig schwere Eiskletterei in den heimischen Bergen.

Vor Jahren schon erahnte ich das »Amphitheater« als Spielwiese moderner Eiskletterei. Aber Winter um Winter verging, und ich konnte wiederum keine kletterbare Linie in diesem Teil des Kirchdachsockels finden. Eineinhalb Wochen lang ging ich nun schon jeden Tag ins Pinnistal zum Eisklettern. Die Form stieg im Gleichmaß mit dem Selbstvertrauen. Eis war überall zu finden, warme Tage und klirrend kalte Nächte zauberten einen Eispalast in die schwarzen Platten des Amphitheaters. Ich spürte einen unwiderstehlichen Zug hin zu diesem Hexenkessel. Genau in der Mitte zog ein dünner Überzug aus Eis teilweise unterbrochen bis zum Wandfuß. Es erschien als die flachste Linie, knapp an der Senkrechten. Christian sichert Millimeter für Millimeter. Schlecht ist es bestellt um gute Felshaken. Für Eisschrauben sind zwei bis drei Zentimeter Eis ohnehin zu wenig. Sie reichen gerade aus, um den scharfen Spitzen der Eisgeräte und Steigeisen Halt zu geben. Der Übergang von einer Schuppe auf die nächste wird jedes Mal zu einem Balanceakt auf rohen Eiern. Die Kombination von Krafteinsatz und Gleichgewichtsakrobatik bringt mich an mein Leistungslimit. Ein Grad steiler, und ich würde rückwärts aus der Wand fallen wie eine reife Pflaume. Ich denke an meine schützenden vier Wände, aber von hier gibt es keine Flucht. Hier bin ich. Jetzt, genau in diesem Moment, findet das Leben statt. Die Vergangenheit ist etwas für zu Hause. Die Zukunft ist die nächste Scholle. Diese Erkenntnis erahnte ich oft beim Klettern. Aber bei der Erstbegehung von »Metamorphose« war sie so hautnah spürbar, dass sie mich in meinem Denken nachhaltig veränderte.

Ein Jahr später stand ich wieder am selben Einstiegspunkt. Zwei zusätzliche Neutouren in diesem Kessel lagen dazwischen. Im vorausgegangenen Winter reichte die »Metamorphose« ganz bis zum Boden. Jetzt ersetzen der »Magier« und eine Linie links der »Metamorphose« das Fehlen der Glasur des Vorjahres. Der Versuch der Denkmalbildung scheitert, spätestens im Frühjahr, wenn die Sonne das Wasser zu neuem Leben erweckt, wird mir die Vergänglichkeit bewusst. Stunden des Glücks und der Angst stehlen sich dann als unscheinbares Rinnsal aus den Bergen davon.

*Andreas Orgler in einem
Direkteinstieg zu seiner Route
»Männer ohne Nerven«, Pinnistal*

Unwiederbringlich sind die Eisstrukturen und die Erlebnisse. Als ich nach der überhängenden Einstiegswand an nur einem Eisgerät im Eisbalkon über mir verankert bin und die Steigeisen noch unter dem Felsüberhang Halt suchen, wird mir bewusst, dieser Kletterzug an dieser Stelle ist vielleicht einmalig; der kommt nicht so schnell wieder. Nächstes Jahr gibt's hier vielleicht kein Eis, oder vielleicht einen Zapfen. Aber genau dieser Zug aus der Schulter heraus, mit Überkopf-Einschlagen und Auspendeln am Eisüberhang, der ist nur heute, am 22. März 1992, möglich. Auf den 25 Metern der ersten Seillänge bewältige ich vielleicht 50 Kletterzüge. Zehn davon werden für immer in meinem Kopf bleiben. Über ein dünnes Eisschild erreiche ich in senkrechter Kletterei ein Dach. An der Kante hängt ein Eisstalaktit. Erst ganz hoch am Dachansatz wage ich hinauszuspreizen. Mit einem gezielten Schlag verankere ich das Eisgerät in der Scholle darüber. Den Kopf lege ich weit zurück. Tropfen klatschen in mein Gesicht. Die Eisknollen in meinen Haaren beginnen durch die Wärme des Nackens zu schmelzen. Während ich das linke Gerät höher setze, blockiere ich in der rechten Schulter und im Ellenbogen. Die Spitzen der Steigeisen sind nur wenige Millimeter tief verankert, drinnen unterm Dach. Ein kräftiger Zug, und der Rest zum Stand ist senkrechter Genuss. Es war ein einmaliges Erlebnis, 25 Meter senkrecht, vier Meter horizontal ausladend; es ist eine »Himmelsleiter« aus Felsdächern und Eisstrukturen.

Gedankenverloren in der Vergangenheit habe ich sie alle wieder bereist, die Schauplätze der wagemutigen Abenteuer vergangener Tage. Heute jedoch fast mühelos mit dem Drachen, durch keinen Motor angetrieben, nur durch Muskelkraft gesteuert und durch die verschiedenen Aufwinde getragen. Die Sonne hat bereits auf die Westflanken der Berge gewechselt und entlang des ganzen Pinniskammes stehen wunderbare thermische Bärte. Ich suche mir einen schönen Aufwind aus, der mich mit ca. 20 km/h weiter in die Höhe transportiert. Die Landschaft und die Vergangenheit werden immer kleiner, unwichtiger und verschwinden schön langsam aus dem geistigen Blickfeld. Zurück im Jetzt ziehe ich die Basis meines Drachens voll durch und gleite zurück nach Plöven, zu unserem Haus am Hang. Der Geschwindigkeitsüberschuss ist enorm, der Fahrtwind pfeift nur so am Helm vorbei. Aus purer Lebensfreude, einer Dohle gleich, beschleunige ich mittels eines »Wing-over« den Drachen auf seine Maximalgeschwindigkeit und fliege als krönenden Abschluss für diesen Tag einen Riesenlooping. Es ist ein unbeschreibliches Gefühl, wenn der Horizont aus dem Blickfeld nach unten verschwindet, die Welt am Kopf steht und wenige Augenblicke später von oben wieder als verkehrte Welt ins Blickfeld kommt.

Plötzlich ist er wieder da, der Boden unter den Füßen. Der Flug war wie ein Fenster in die Vergangenheit; die Vergänglichkeit von Ort und Zeit wurde mir dieses Mal in einem besonderen Maß bewusst. Vom Klettern stehen sie noch herum, diese Denkmäler der Kühnheit und des Jugendwahnsinns. Von Flügen bleiben keine Spuren. Es ist die Steigerung der Philosophie der Schotterindianer von damals, keine Spuren zu hinterlassen und niemanden zu beeinflussen.

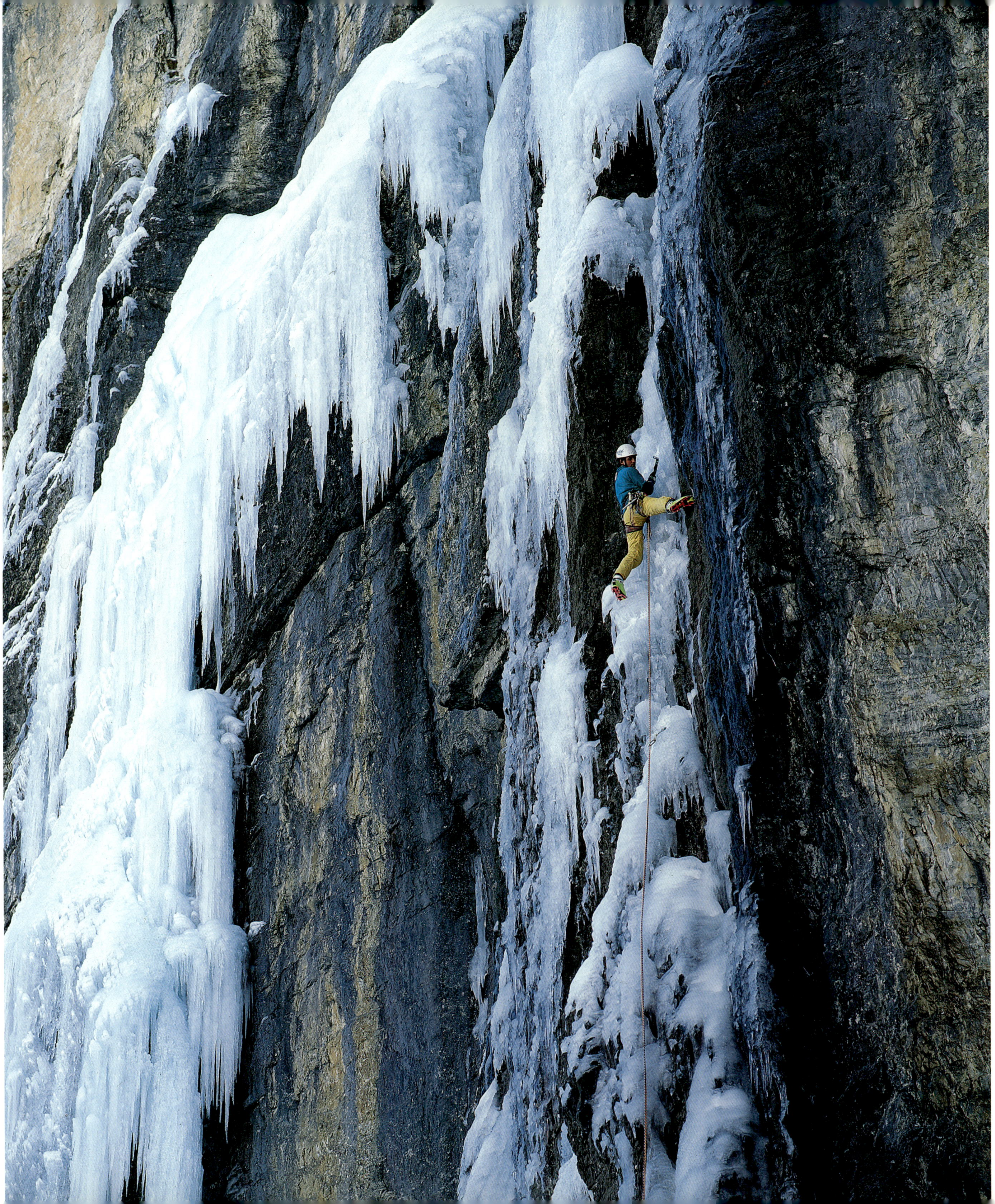

Bernhard Hangl in der
Eissäule »Gully«, Pinnistal

Rechte Seite: Bernhard
Hangl im Burgsteiner
Wasserfall, Ötztal

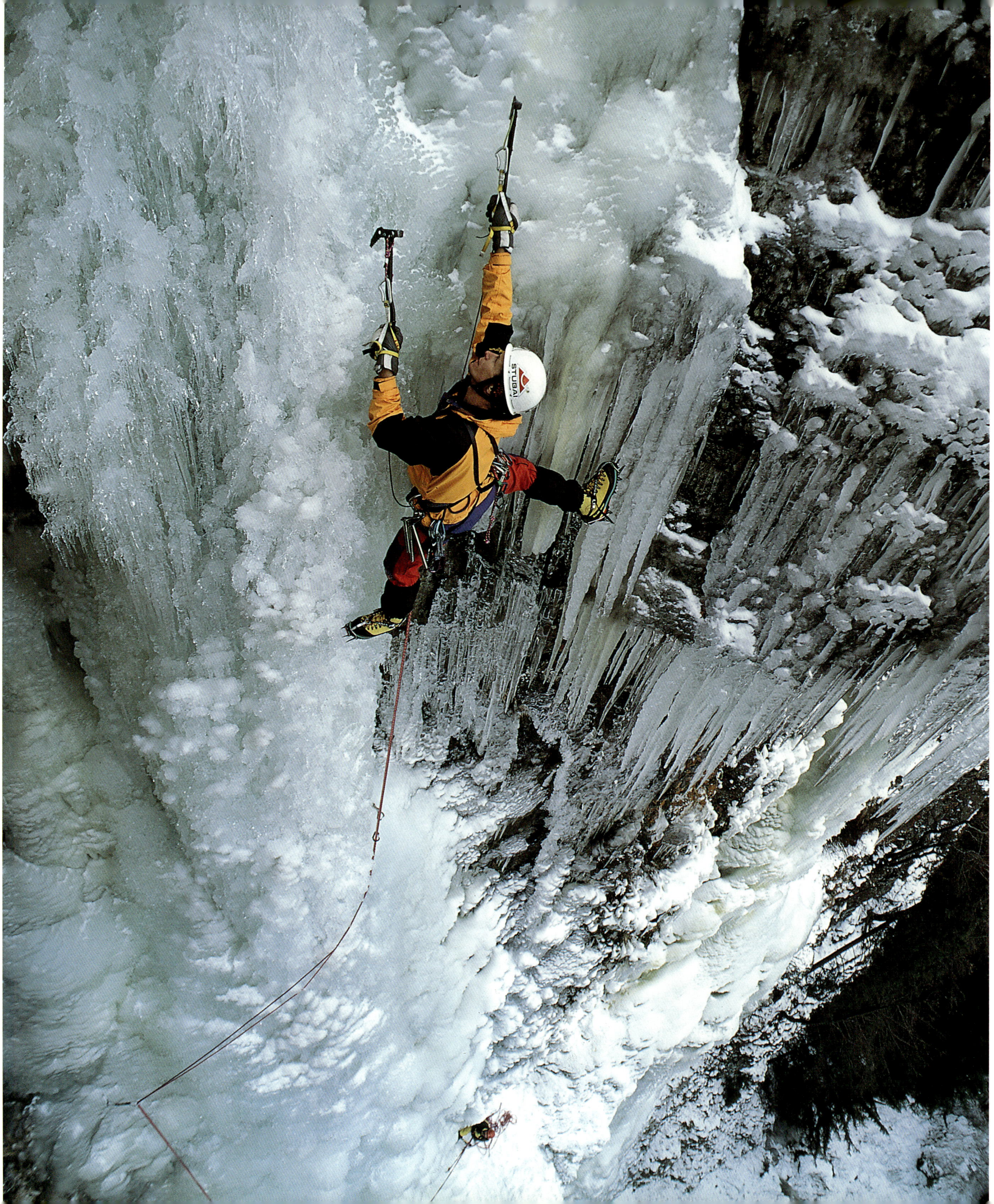
STUBAI

Links:
Bernhard Hangl in der »Kerze«,
Pinnistal

Rechts:
Elmar Sprenger im
senkrechten Eis im Pinnistal

Elmar Sprenger

# Fliegende Eiszapfen im Pinnistal

Ich war damals, Anfang der 90er Jahre, schon ein ganz passabler Alpinist, die Spezialdisziplin Eisklettern war aber bis zu diesem Zeitpunkt irgendwie an mir vorbeigegangen. Angespornt durch meine Freunde stieg ich allerdings schnell und zielstrebig in diese Szene ein. Innerhalb kurzer Zeit konsumierte ich dann gleich die Pinnistal-Klassiker. Und das ging so vonstatten:

Es war saukalt, also musste es auch Eis geben, also hinein ins Pinnistal zum Eisklettern. Den ganzen Weg zur Pinnisalm wollte die grimmige Kälte nicht nachlassen, dafür schien auf die umliegenden Gipfel die pralle Sonne und die Hänge funkelten in feinstem Pulverschnee. Die Tatsache, trotz der Verhältnisse oben auf den Gipfeln herunten in der Kälte zu bleiben, schien mir damals etwas suspekt und ich ahnte nicht, dass das Eisklettern für lange Zeit meine Leidenschaft und alpine Spezialdisziplin werden sollte. Im Rückblick sei an dieser Stelle schon angemerkt, dass sich dies im Laufe der Zeit relativierte und ich inzwischen sonnige Pulverhänge den schattigen und oft nassen Gräben vorziehe. Bis dorthin war es aber ein langer, gefährlicher, aber auch sehr schöner und erlebnisreicher Weg.

Bald gehörte ich also zum erlesenen Kreis der Pinnis-Kletterer, verbrachte viele Tage vom Morgengrauen bis zur Finsternis im gefrorenen Wasser.

Einmal, es war ein 25. Dezember, vergaß ich in der bereits stark fortgeschrittenen Dämmerung meine Eisgeräte am Ausstieg einer Route. Nicht dass wir vielleicht zu spät eingestiegen oder in der Tour zu langsam gewesen wären, nein, wir reihten an diesem Tag einfach wieder einmal mehrere Eisfälle aneinander und so kam

Bernhard Hangl im
»Magier«, Pinnistal

es zu dieser Situation. Beim Seilabziehen merkte ich dann voller Schrecken, dass meine neuen Hacken zurückgeblieben waren. Diese Vergesslichkeit bescherte mir am zweiten Weihnachtsfeiertag gleich wieder einen Klettertag im Pinnis.

Inzwischen hatte sich auch bei mir diese gewisse Materialabhängigkeit eingeschlichen, so dass ich den Eisfall mit den alten Geräten kaum noch hinaufkam. Es nützte jedoch alles nichts: Wie wild drosch ich die alten Teile ins Eis, musste einfach hinauf, wollte ich nicht einem anderen Eisbären ein verspätetes Weihnachtsgeschenk machen. Bald seilte ich mit vier Eisgeräten ab und ging für diesen Tag nach Hause. Besser gesagt: rodelte nach Hause.

Im Laufe der Zeit waren meine Kollegen und ich nämlich der langen Talmärsche überdrüssig geworden und verwendeten eine Rodel für die oft späten Heimfahrten. Die Rodelpartie ist eine lustige Ergänzung zum strengen Ernst im steilen Eis geworden – und die Rodel hilft beim Spurhalten, wenn es auf der Pinnisalm Glühwein gegeben hat.

Auf der Suche nach Neuland im Tal kam mir und Heinz Zak ein bislang nicht gewachsenes Eisgebilde rechts der Kerze gerade recht. Bevor ich in der zweiten Seillänge über kleine Eisbalkone zum Stand schleichen konnte, musste Heinz eine schwierige Länge im Fels meistern. Die dritte Seillänge brachte mich dann in reines Eis von bisher ungekannter Steilheit – die Route »Traumfänger« war fertig.

Auch andere Kollegen waren im Pinnistal tätig. So bestieg Sepp Gwiggner als erster den frei hängenden Eiszapfen links der Kerze und nannte ihn passend dazu »Feuerzeug«.
Die zweite Begehung dieses Teiles sollte eine Wende in meiner Pinnis-Karriere bringen:

Um bei dieser Tour ins Eis zu gelangen, klettert man ca. zehn Meter im Fels hinauf, um dann mit einer akrobatischen Aktion den guten Meter Abstand hinaus zur herunterhängenden Eissäule zu überwinden. Bis dorthin dienen drei Felshaken als Sicherung. Von dort klettert man spiralförmig um den Eiszapfen herum an die Vorderseite und steht völlig unvermutet im lotrechten Eis ohne Grund unter den Füßen. Hier geht es noch etwa fünf Meter hinauf, bis sich der Zapfen zurückneigt.

In diesem Bereich machte ich entgegen besseren Wissens einen entscheidenden Fehler: Ich brachte eine Eisschraube an und kletterte weiter. Beim praktisch letzten schwierigen Schlag machte es

Bernhard Hangl
in der »Kerze«, Pinnistal

ein tiefes, fast friedliches »Wumm« und der Eiszapfen brach an der Stelle, wo er mit dem Fels wieder Kontakt hatte. Durch die zuvor gesetzte Schraube war ich fest mit dem Eisklotz verbunden. Dieser riss mich in die Tiefe. Die drei Felshaken wurden durch die beschleunigte Masse einfach ausgerissen, mein Partner bekam nie einen Zug auf das Sicherungsgerät. Derart ungebremst flog ich also 15 Meter durch die Luft und landete exakt neben den zerborstenen Eisteilen im Schnee. Welche Vorsehung, welches Glück und wie viele Schutzengel damals gerade im Tal zugegen waren, ist mir heute noch ein Rätsel. Ich bin immer noch dankbar und demütig dafür.

Ich stand also auf, dachte sofort an Kopf und Rücken, aber alles funktionierte. Dann sah ich den zu einer Banane gebogenen Stiel eines Eisgerätes und die im losen Seil aufgefädelten Felshaken und die Eisschraube. Plötzlich spürte ich einen heftigen Schmerz im linken Unterarm. Dieser war letztendlich recht kompliziert gebrochen und musste in Folge mit einer Platte und ein paar Schrauben anderer Art repariert werden. Dazu fuhr ich dieses Mal nicht mit der Rodel ins Tal, sondern flog mit dem Hubschrauber ins Krankenhaus. Dort sehnte ich mich am nächsten Tag bereits nach trockenem, warmem Fels.
Die drei Haken habe ich Monate später am Schrammacher dem Sepp zurückgegeben.

Bisher bin ich keine frei hängenden Eiszapfen mehr geklettert, höchstwahrscheinlich werde ich es auch nicht mehr tun.

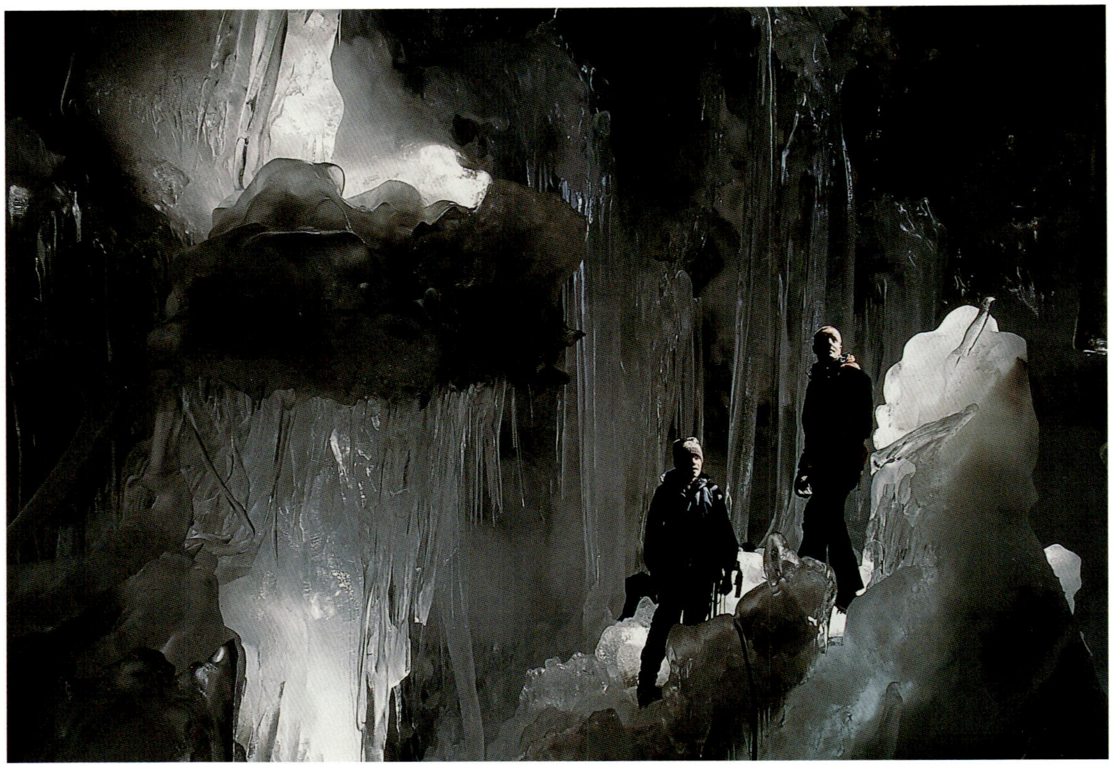
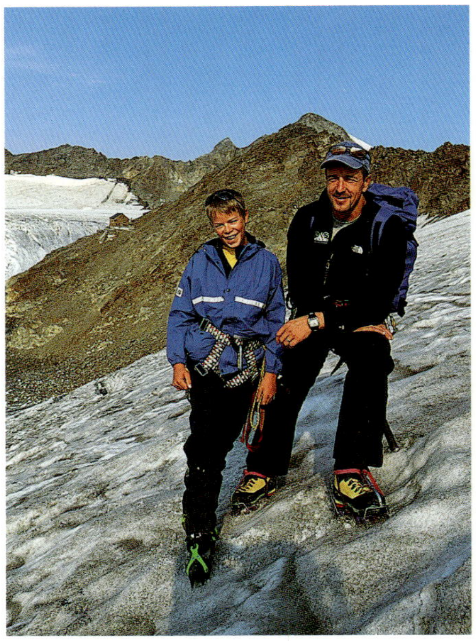
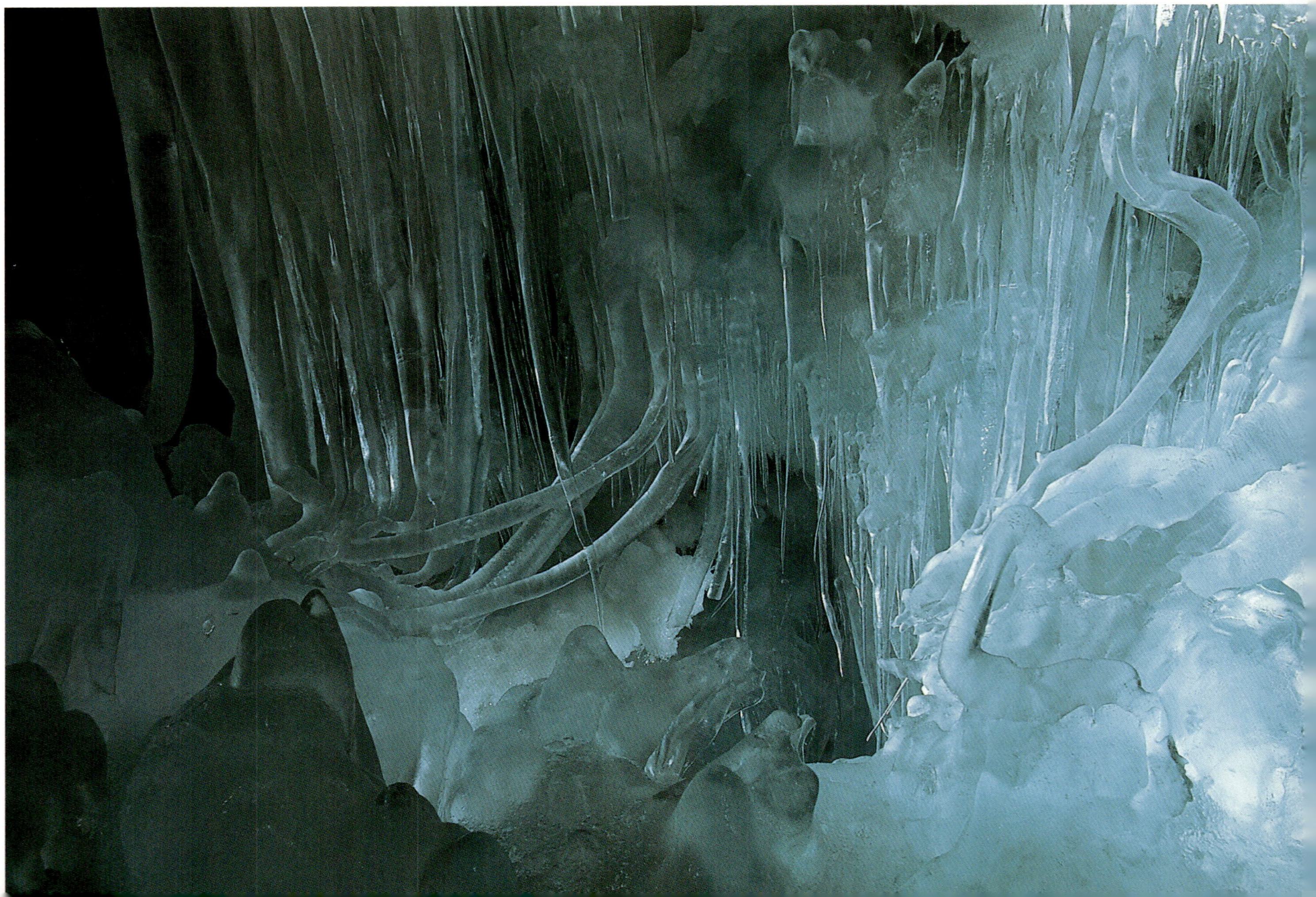

## Spalten-Safari

Mit Arthur Lanthaler, dem Hüttenwirt der Müllerhütte, und seinem Sohn Rene unternahm ich eine abenteuerliche Exkursion in die Spaltenwelt des Übeltalferners. Wer Lust darauf hat, wird von Arthur gerne mitgenommen.

Blick vom Olperer über den
Stubaier Hauptkamm auf die
Ötztaler Wildspitze

Blick vom Scheiblehnkogel über die
Botzergruppe bis zum Rosengarten
in den Dolomiten

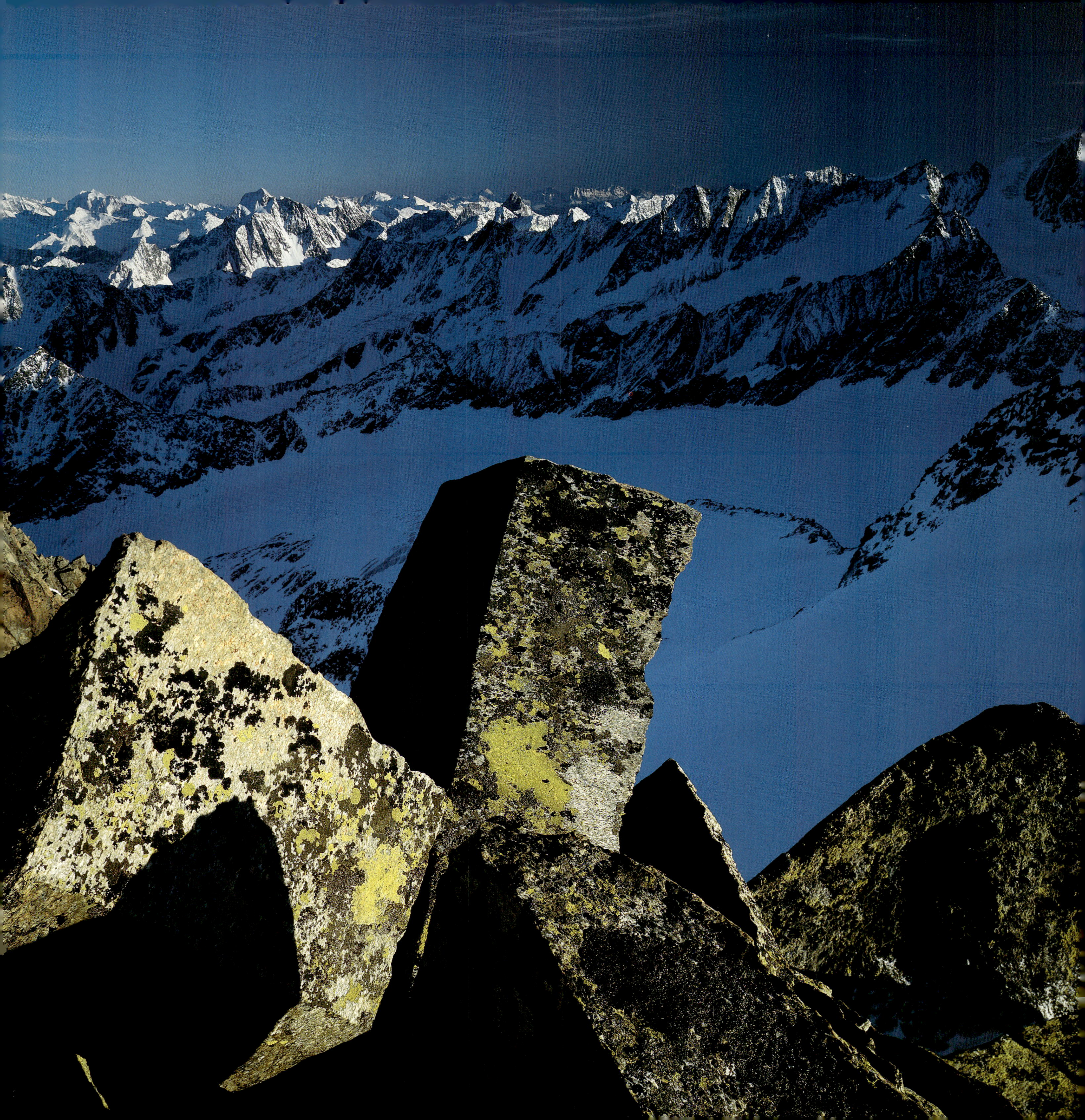

Links: Blick vom Gipfel des Lisenser Fernerkogel
Richtung Osten auf die Alpeiner Berge und den
markanten Gipfel des Habicht

Unten: Vollmond über den Kalkkögeln

Elmar Sprenger, Bernhard Hangl und Heinz Zak am Gipfel der Kleinen Ochsenwand

Heinz Zak

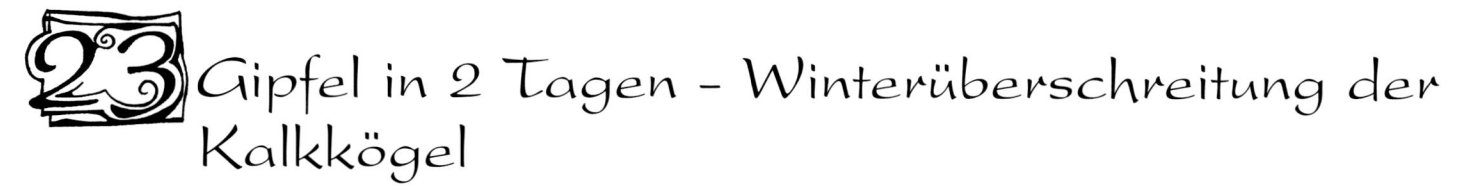

# 23 Gipfel in 2 Tagen – Winterüberschreitung der Kalkkögel

Bergsteiger haben klare Vorstellungen von der Wertigkeit einer alpinistischen Leistung. Die Eiger Nordwand im Winter, ein 8000er oder der 10. Schwierigkeitsgrad kann je nach eigener Leistungsfähigkeit beurteilt bzw. irgendwo eingeordnet werden. Eine winterliche Gratüberschreitung fällt aus dem Rahmen. Erst nach der Durchsteigung der Eiger Nordwand im Winter wussten wir, dass die Überschreitung der Mieminger Kette 14 Tage vorher das anspruchsvollere Unternehmen war. Natürlich kann eine Überschreitung eines Bergkammes leichter abgebrochen werden, aber der Reiz und die Motivation liegen darin, alle Berge einer Kette hintereinander zu besteigen. Auf Grund der Länge erfordert jede Überschreitung enorme Konzentration und Leistungsfähigkeit. Grundsätzlich bewegt man sich stunden- bzw. tagelang in extrem ausgesetztem Gelände, eine Seilsicherung im zweiten und dritten Grad ist dabei so gut wie unmöglich, auch wenn die Felsen zum Teil verschneit oder vereist sind. Es wäre viel zu zeitraubend, Sicherungen anzubringen. Da man mit schweren Bergschuhen und einem relativ großen Rucksack dahinklettert, muss das persönliche Kletterniveau weit über dem geforderten Schwierigkeitsgrad liegen, um sicher unterwegs sein zu können.

Das Schwierigste an einer Überschreitung ist, den optimalen Zeitpunkt dafür zu finden. Selten sind die Bedingungen absolut perfekt und wer zu lange wartet, wird ewig warten. Obwohl es drei Tage vorher noch geschneit hat, fährt uns meine Frau Angelika in die Schlick. Meine Partner sind Bernhard Hangl und Elmar Sprenger, beides ausgezeichnete Allroundbergsteiger. Über 30 Jahre liegt die letzte und gleichzeitig erste Gesamtüberschreitung der Kalkkögel im Winter durch Werner Haim und Felix Kuen zurück. Auch Hermann Buhl hatte die Überschreitung versucht und in zwei Wintern die Teilstücke begangen.

Dieses Jahr sind nicht nur wir unterwegs, sondern auch die zwei jungen Stubaier Matthias Knaus und Hannes Mair, beides exzellente Gebietskenner und wirklich gute Bergsteiger. Zu fünft gehen wir mit den Ski über den Niederen und Hohen Burgstall. Am Fuß der Schlicker Seespitze lassen wir die Ski zurück und klettern in zwei Seilschaften über die Schlicker Manndln. Die Verhältnisse auf der Südseite bzw. Westseite sind besser als erwartet. Wir kommen zügig voran und wechseln uns ständig im Spuren ab. Das traumhafte Wetter, die guten Verhältnisse und die Tatsache, dass der Großteil unseres Gepäcks bereits in einem Depot unterhalb der Kronennadel auf uns wartet, lassen uns den Tag so richtig genießen. Bei Anbruch der Dämmerung klettern wir auf die Melzernadel, die Kronennadel ersteigen wir bereits in absoluter Dunkelheit. In wenigen Minuten können wir von der Scharte zu unserem Depot absteigen. Vom selbst gemachten Kuchen bis hin zum warmen Daunenschlafsack und fetter Komfort-Isomatte ist jeglicher Luxus vorhanden. Wir haben alles Tage zuvor mühsam heraufgeschleppt. Hier trennen wir uns von den beiden Stubaiern, die ihr Depot drei Berge weiter eingerichtet haben und deshalb in der Nacht noch über den Steingrubenkogel klettern müssen. Nach feudalem Abendessen bei Vollmondschein verbringen wir eine gemütliche Nacht. Da die nächste Tagesetappe sehr lang wird, surrt bereits um 4 Uhr in der Früh der Benzinkocher. Noch in der Dunkelheit klettern wir los, überschreiten den Steingrubenkogel.

Heinz Zak im Luxusbiwak mit Kuchen,
fettem Schlafsack und Komfort-Isomatte

Elmar Sprenger auf der
Hochtennspitze

Bernhard Hangl
in den Schlicker Manndln

Wir sind froh, dass wir für das Einrichten der Abseilstellen vom Südturm bereits Tageslicht haben. Am nächsten Gipfel, dem Nordturm, treffen wir wieder auf Matthias und Hannes, die aber von hier aus nochmals zurück zum Südturm müssen, den sie in der Nacht zuvor nicht mehr besteigen wollten. Überraschend gut finden wir einen Weg durch das Labyrinth der Schlicker Zinnen. Ständig geht es hier auf und ab, queren wir brüchige Grate und steinschlaggefährdete Rinnen und seilen uns immer wieder an großen Felsköpfen in tiefe Schluchten hinunter. Nach den Zinnen wird die Überschreitung eher zu einer Frage der Kondition. Über die Hochtennspitze, die Malgrubenspitze und die Lizumer Spitze spuren wir mühsam durch die brennend heiße Südflanke der Marchreisenspitze. Der Schnee ist sumpfig und mehr als knietief. Wir sind ziemlich durstig. In der Nordostseite des Ampfersteins müssen wir extrem steile, meterweise mit Schnee gefüllte, tief verschneite Hänge queren. Manchmal stecken wir bis über die Brust im Schneegries. Nur langsam, wie Wühlmäuse, können wir die Hänge waagrecht oder leicht abwärts queren. Ein Aufstieg in diesem Gelände ist undenkbar. Nach dieser letzten Hürde ist der Aufstieg auf die Nockspitze trotz der 400 Höhenmeter ein reines Vergnügen. Um 19.30 Uhr stehen wir auf dem letzten Gipfel. Der Vollmond geht gerade auf, aus dem Inntal leuchtet Innsbruck wie eine Weltraumstadt. Beim Abstieg treffen wir wieder auf Matthias und Hannes, die ihre Überschreitung ebenfalls erfolgreich beenden. Obwohl wir in den zwei Tagen nur wenige Kilometer von der Zivilisation entfernt waren, fühle ich mich bei solchen Abenteuern immer ganz weit weg.

Rechts: Ludwig Müller am
Übeltalferner

Unten: Blick vom Patscherkofel auf die
Stubaier Alpen

Heinz Zak
# Lange Skitourenwinter

Die Stubaier Alpen sind eines der besten Skitourengebiete der Alpen. Leichte Erreichbarkeit, unendliche Vielfalt für jeglichen Anspruch, Touren in den unterschiedlichsten Höhenlagen, Himmelsrichtungen und Schneelagen sichern dem Skitourengeher und dem Skibergsteiger schier endlose Winter von Mitte Oktober bis Mitte Juni. Bereits nach dem ersten Schneefall werden die Tourenski ausgepackt. Ziel sind dann die grasigen und weniger steinigen Hänge. Aber auch Skipisten wie die »Damenabfahrt« in der Lizum erfreuen sich steigender Beliebtheit und es kann schon passieren, dass wegen des traumhaften Pulverschnees der Parkplatz voll ist, obwohl noch keine Lifte fahren.

Berühmt sind die Stubaier Alpen für ihre großartigen Skitouren im Kühtai und in den Sellrainer Bergen. Auch wenn viele Leute unterwegs sind, bieten Paradeziele wie der Rietzer Grießkogel und der Zwiselbacher Roßkogel, Lampsenspitze und Zischgeles, die Schöntalspitze oder die gemütlichen Touren im Fotscher Tal sowie viele andere Touren so viel Klasse, was Aufstieg, Aussicht und Abfahrt anbelangt, dass jeder den Rummel in Kauf nimmt. Gerade weniger Erfahrene haben hier oft den Vorteil, alten Hasen einfach hinterher rennen zu können, denn viele eingefleischte Gebietsliebhaber lassen es sich nicht nehmen, ihre eigene Spur zu ziehen. Auch die Lawinenlage wird durch die viel befahrenen Hänge he-

Winnebachsee Hütte

Aufstieg zum Wilden Hinterbergl,
Alpeiner Berge

*Blick vom Schrankogel auf die Ötztaler Alpen*

rabgesetzt – »viel begangen« darf allerdings nicht mit »sicher« gleichgesetzt werden. Erst kürzlich sind am Zischgeles Tourengeher tödlich verunglückt.

An manchen Tagen kann es schon passieren, dass über 200 Autos am Startpunkt für den Rietzer Grießkogel parken. Dann freut man sich entweder auf lustige Gesellschaft oder fährt ein paar Meter weiter und ich garantiere, dass man selbst in beliebten Modegebieten in Ruhe seine Spur durch die Hänge ziehen kann. Auch Hochtouren werden immer früher im Winter angegangen, so dass Gletscheranstiege wie auf den Lisenser Fernerkogel, die Rudehofspitze oder die Berge am Hauptkamm bereits im Dezember Aufstiegsspuren zeigen. So früh im Winter sollte man allerdings auf keinen Fall ohne eine Seilsicherung für den Aufstieg und – noch wichtiger – bei der Abfahrt unterwegs sein. Viele der Spalten sind nur leicht zugeweht und wer den Gletscher nicht vom Sommer her kennt, wo man oft genug in schwarze Löcher starren kann, der sollte der trügerischen Schneedecke nicht vertrauen. Außerdem gibt es Gletscher wie den Berglasferner, der schon so viele verschluckt hat, dass ich trotz bester Schneelage nie direkt vom Wilden Hinterbergl ins Berglastal abfahren werde.

Die schönste Tourenzeit ist das Frühjahr, wenn die Hütten Hauptsaison haben. Diese Stützpunkte bieten eine tolle Basis für eine Unzahl bester Hochtouren. Allein rund um die Franz-Senn-Hütte gibt es an die zwanzig Touren der Extraklasse und obendrein kann man sich hier aufgrund der unterschiedlichen Expositon der Hänge auch noch die Schneebeschaffenheit aussuchen. So kann es ohne weiteres sein, dass wir von der Kräulscharte im besten Pulver

*Oben: Hansjörg Fink auf der Brennerspitze über dem Stubaital, Blick über den Serleskamm auf die Zillertaler Alpen*

*Unten: Am Ostgrat des Schrankogel, links dahinter die Ruderhofspitze*

abfahren und tags darauf vom Wilden Hinterbergl eine Firnabfahrt genießen können.

Die Alpeiner Berge bieten auch für den Extremen einige Zuckerl: Die Schrankogel Ostwand und die Nordabfahrt von der Östlichen Seespitze sind Steilwanderlebnisse der Extraklasse.

Viel besuchte Klassiker wie der Zwiselbacher Roßkogel und die Lampsenspitze, die steile Grubenwand oder die Hintere Sonnenwand liegen im Tourengebiet rund um die Pforzheimer Hütte.

Die Potsdamer Hütte ist ein wunderbarer Stützpunkt für gemäßigte Touren auf den Roten Kogel oder die Wildgratscharte, aber auch für Extremtouren wie z.B. die Hohe Villerspitze oder die Lisenser Villerspitze, die absolut sichere Verhältnisse voraussetzen.

Ein ruhiges, aber sehr interessantes Skitourengebiet finden wir um die Winnebachseehütte. Neben so beliebten Gipfeln wie dem Breiten Grießkogel oder dem Winnebacher Weißkogel finden wir hier eine Anzahl von Bergen, die interessante, aber leichte Gipfelgrate aufweisen, wie den Gaißlehnkogel oder die Kühlehnkarschneid.

## Rund- und Extremtouren

Die bestens platzierten Hütten, die leichten Übergänge sowie die ideale Anordnung der Berge laden dazu ein, mehrere Touren miteinander zu verbinden. Ein Klassiker aus den 1930er Jahren ist hierfür der »Fotscher-Express«. Aus der Fotsch ging es über den Schafleger auf die Kemater Alm, von dort über das liftlose Hoadl in die Lizum und über das Birgitzköpfl nach Mutters. Die Tour ist

Otto Neuhauser und Kurt Nussbaumer
am Gipfel des Breiten Grießkogel,
Blick auf den Sulztalkamm

immer noch gut und für die ca. 2500 Höhenmeter im Aufstieg kann sich ja jeder seine Zeit ausrechnen.

Schöne Rundtouren gibt es in der Schlick: über den Hohen Burgstall auf das Seejöchl, hinunter zur Adolf-Pichler-Hütte und über die Alpenklubscharte wieder in die Schlick. Ruhiger ist die Runde von der Station Gamsgarten der Stubaier Gletscherbahnen über Daunjoch und Wildgratscharte ins Oberbergtal.

Mit meinem Freund Ludwig Müller unternahm ich eine exklusive, hochalpine Rundtour. Von der Bergstation der Stubaier Gletscherbahn querten wir über steile Hänge zur Siegerlandhütte und machten am gleichen Tag noch einen Abstecher auf den Scheiblehnkogel, den wir knapp vor Sonnenuntergang erreichten. Wir waren absolut alleine, nur ein Adler flog 30 Meter am Gipfel vorbei und schraubte sich im Wind gleich mehrere hundert Meter hinauf. Am zweiten Tag stiegen wir über extrem steile Hänge zur Windachscharte, querten den zugefrorenen Schwarzsee und stiegen wieder über steile Hänge auf den Botzer, fuhren zum Übeltalferner ab und übernachteten schließlich im Winterraum der Müller Hütte. Trotz seiner 68 Jahre meisterte Ludwig am nächsten Tag sowohl den Wilden Freiger, die folgende Steilabfahrt, als auch den Östlichen Feuerstein!

Eine der schönsten Extremtouren ist die Fotschertal-Umrahmung. Im Februar 2003 stieg ich mit Matthias Knaus an zwei Tagen auf über 20 Gipfel. Die Route führt aus der Fotsch auf das Windegg, zieht über den Grat zum Roten Kogel und weiter auf die Lisenser Villerspitze. Die Überschreitung der Hohen Villerspitze ist ein hochalpines und anspruchsvolles Unternehmen.

Links: Matthias Knaus im Biwak auf der Hohen Villerspitze

Unten: Winzig klein sichtbar der Kletterer am Grat zur Hohen Villerspitze

Rechts: Matthias Knaus am Inneren Bremstall anlässlich unserer Fotschertal-Umrahmung

Oft klettert man an der exponierten Gratschneide und muss immer wieder mal in die glatten, verschneiten Pattenschüsse der Nordseite ausweichen. Biwakiert haben wir auf dem Gipfel der Hohen Villerspitze. Auch am zweiten Tag ging es zügig voran, bis uns der Abstieg vom Schwarzhorn in ernste Gefahr brachte. Durch die Abfahrt über einen steilen Hang wollten wir uns einen Teil der Gratkletterei ersparen – die Bedingungen schienen okay zu sein. Schlagartig versumpfte der ostseitig exponierte Hang und wir sahen uns plötzlich brusttief im grundlosen Schnee in einem extrem steilen Hang, in dem wir keinen Meter mehr zu queren wagten. In übler Plagerei – oft traten wir vergebens auf der Stelle, was sehr viel Kraft kostete – gruben wir uns eine Schneise nach oben zurück zum Grat. Auch die Platten hinab zur nächsten Schneise zeigten uns bissig die Zähne. Bei der Abfahrt von Salfeins in die Kemater Alm, die wir um 23.30 Uhr erreichten, versanken wir teils bauchtief im aufgeweichten Schnee.

Ein ganz anderes Extrem sind Staffelläufe wie das bekannte »Wildsau-Light«-Rennen auf Zischgeles und Lampsenspitze. Die bisherige Bestzeit für die 1170 Höhenmeter Aufstieg auf die Lampsenspitze erkämpfte Andreas Ringhofer mit 48 Minuten und 20 Sekunden. Abfahrtssieger war Florian Falkner mit 3 Minuten 43 Sekunden. Am Zischgeles (1200 Höhenmeter) war Hans Kogler in 51 Minuten 50 Sekunden der schnellste Aufsteiger, Florian Falkner in 2 Minuten 27 Sekunden der beste Abfahrer. Beim original »Wildsau-Rennen« wurde ursprünglich auf den Lisenser Fernerkogel gelaufen (1500 Höhenmeter, Albrecht Thausing in 1:11:14 Stunden; Abfahrt: Theo Schneller in 5:46 Minuten). Diesem wohl wildesten Staffellauf wurde aber aufgrund der Gefährlichkeit ein Ende gesetzt. Spaßeshalber können Sie sich diese Touren ja selbst einmal zu Gemüte führen.

Aber ganz gleich wie groß die Erfahrung oder wie gut die Kondition ist, in den Stubaier Alpen werden Ihre Träume vom weißen Gold nie ausgehen.

Rechts: Aufstieg zum Lisenser Fernerkogel

Unten: Aufstieg über den Alpeiner Ferner zur Ruderhofspitze

Ganz unten: Blick vom Zwiselbacher Roßkogel auf die Peiderspitze

Unten: Blick vom Pfaffensattel Richtung
Ötztaler Alpen

Seite 116/117: Im Mutterberger See spiegeln sich
die Gipfel des Westlichen Hauptkammes.

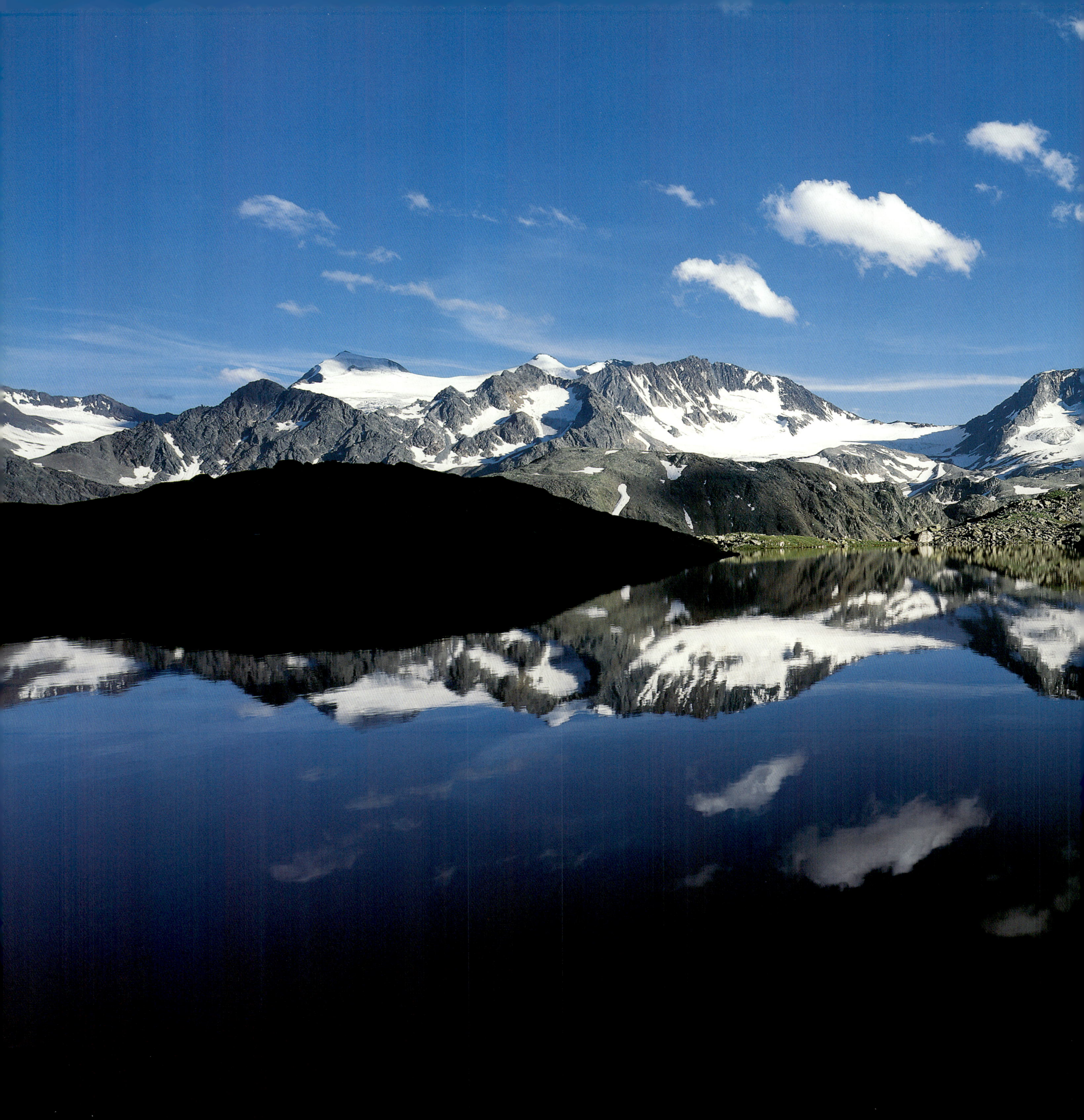

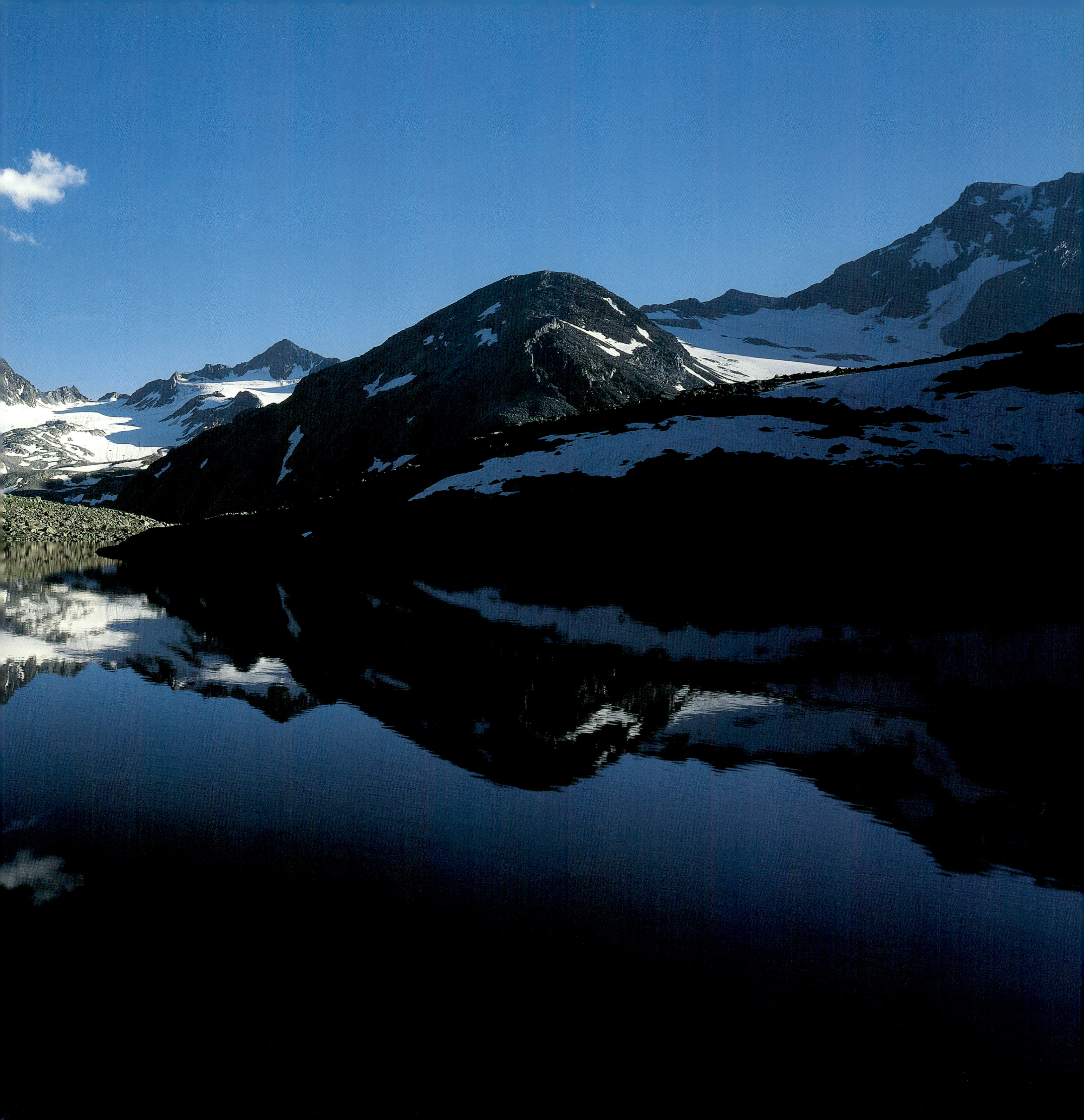

Unten: Blick von der Schlick auf
die Kalkkögel

Rechts: Blick über die Starkenburger
Hütte auf die Alpeiner Berge

Heinz Zak

# Stubaier Höhenweg

Nachmittags sind wir mit dem Lift auf das Kreuzjoch gefahren und gemütlich zur Starkenburger Hütte gewandert. Seit Stunden sitzen wir auf der Terrasse. »Sundowner« nennen wir die Gläschen Wein, die angesichts der untergehenden Sonne in aller Ruhe besonders wohlig hinunterrinnen.

Die entspannte Stimmung scheint alle erfasst zu haben. Es geht nicht laut zu, aber an jedem Tisch wird gelacht. Je tiefer die Sonne auf die Alpeiner Berge herabsinkt, desto ruhiger und besinnlicher wird es – kaum jemand, der nicht einfach staunend in den roten Feuerball schaut. Die Schatten im Stubaital sind schon dämmrig dunkel, während das Dreigestirn Wilder Freiger, Wilder Pfaff und Zuckerhütl noch orangerot in der Ferne leuchtet.

Bei Sonnenaufgang stehen wir wieder auf der Terrasse. Zapfig frisch ist es. Über die Berge am Hauptkamm schwappt eine Föhnwalze. Immer wieder lösen sich Fetzen aus der brodelnden Masse und schießen beängstigend schnell über den Himmel auf uns zu. Die düstere Stimmung passt gut zum markantesten Gipfel der Serles, hinter der gerade die Sonne aufsteigt. Der Sage nach ist der wuchtige Gipfel mit den beiden kleineren Gipfeln an jeder Seite ein versteinerter König mit seinen beiden Söhnen, die die Felder ihrer Bauern verwüstet hatten. Unglaublich wie schnell das Wetter umgeschlagen hat. Aber solange der Wind weht, wird es keinen Regen geben, mit etwas Glück wird es sogar aufreißen und die dunklen Wolken werden spurlos verschwinden.

Nach dem Frühstück sieht die Welt tatsächlich anders aus – der dunkle Wolkenspuk hat sich verzogen, zarte Schleier hängen am milchig blauen Himmel und das leichte Lüftlein ist gerade gut für den südseitigen Aufstieg zum Hohen Burgstall (2611 m). Diesen Gipfel müssen wir mitnehmen – liegt er doch direkt am Weg und kostet uns keine 30 Minuten extra an Gehzeit. Auf diesem exzellenten Aussichtsgipfel wird uns die Vielfalt der geplanten Route am deutlichsten vor Augen geführt. Im fahlen Grau liegen die nahen Zacken der Kalkkögel: verspielt, klotzig, schroff – richtig unappetitlich, wenn es ums Klettern geht. Der helle Wahnsinn, wie verlockend diese Bruchgurken doch aussehen. Ebenso wie die Wände des Serleskammes und der Tribulaune laden sie zum Klettern ein – erinnern sie im Aussehen doch an die gut gebauten Dolomiten.

Ganz abrupt der Übergang in andere Gesteinsformen – Kalk und Schiefer liegen vor dem Seejöchl so klar getrennt, dass man mit einem Fuß in einer Kalkschuttreiße und mit dem anderen in

Unten:
Blick über den Rinnensee auf die
Seespitzen, Alpeiner Berge

Rechts:
Der Rinnensee ist ein beliebtes Ausflugsziel
nahe der Franz-Senn-Hütte.

den blumigen Böden des Schiefergneis stehen kann. Die rundlichen Formen des Schiefergneis stehen wiederum im Gegensatz zu den schroffen und spitzen Bergen aus Alpeiner Granit. Die Gletscher, Seen und die sprudelnden Gebirgsbäche sind die Juwelen in dieser Krone aus Bergen.

Nicht nur die überwältigende Aussicht auf das Bevorstehende spricht dafür, den Höhenweg im Uhrzeigersinn zu gehen. Die beiden schwierigsten Wegpassagen – die Nordseite der Grawagrubennieder und die Wasenwand der Pramarnspitze – können aus dieser Richtung im Aufstieg genommen werden; man bewegt sich auch ständig auf das vor den Augen liegende Bergpanorama zu. Nebenbei erspart der Lift von Fulpmes auf das Kreuzjoch über 1000 Höhenmeter und zudem: Alle Hütten servieren ausgezeichnetes Essen, d.h. wir können uns zumindest proviantmäßig auf die lokalen Angebote verlassen, was den ohnehin schon schweren Rucksack um einiges erleichtert. Zwischen den einzelnen Hütten werden auch Rucksacktransporte angeboten, von Sänftenträgern habe ich leider noch nichts gehört.

Auf dem Weg zum Seejöchl bewegen wir uns direkt auf der Grenze zwischen Kalk und Urgestein. Der Weg führt fast eben am Grat entlang zum Sendersjöchl und schwenkt dann in die steile Ostflanke des Bergkammes. Die Jausenstation auf der schön gelegenen Sedugg Hochalm liegt genau in der Hälfte der anstrengenden fünf bis sechs Stunden langen Tagesetappe und lädt ein zur wohlverdienten Mittagspause. Der zum Teil mit Draht versicherte Weiterweg verlangt Aufmerksamkeit. Rund um die Franz-Senn-Hütte erwartet uns dann eine außergewöhnliche Bergwelt. Die nach dem Mitbegründer des österreichischen und des deutschen Alpenvereins benannte Hütte ist ein bekannter Stützpunkt für lohnende Hochtouren rund um die Alpeiner Berge (z.B. auf die Ruderhofspitze).

Für den nächsten Tag schlage ich vor, in der Umgebung der Franz-Senn-Hütte zu bleiben. Wer den Rinnensee nicht zu sehen bekommt, hat ein Highlight der Runde ausgelassen! Immer wieder bin ich zu diesem herrlichen Bergsee aufgestiegen, in dessen ruhigem Wasser sich das Bergpanorama der Knoten- und Seespitzen bis hin zur Ruderhofspitze spiegelt. Besonders romantisch bei Sonnenaufgang: Unmerklich erhebt sich die Serles über den Rand des Sees, der wie eine magisch orange leuchtende Scheibe in der Dämmerung glüht. Die ersten Sonnenstrahlen zünden den See an und tauchen ihn in ein flimmerndes Orangerot, weil mit der Sonne auch meist ein leiser Wind aufkommt. Der Tag ist noch jung und lädt ein zum Ausflug auf die Rinnenspitze (3003 m). Obwohl der Weg drahtseilversichert ist, ist er ausgesetzt und gefährlich, erfordert absolute Schwindelfreiheit und Trittsicherheit (eventuell Reepschnur und Schraubkarabiner mitnehmen). Wer es schafft, wird belohnt. Wunderbar und wild ist der Blick hinab zum Lisenser

Hohes Moos nahe der
Neuen Regensburger Hütte

Ferner, der überzogen ist mit einem Meer aus Spalten. Wer sich lieber einen gemütlichen Tag machen möchte, sollte hinaufwandern zum Alpeiner Gletscher – die kargen Bergwiesen, die vielen Steine und Bächlein erinnern an die schottischen Highlands.

Nach einem königlichen Frühstück ziehen wir am nächsten Tag Richtung Schrimmennieder weiter. Wenn das Wetter mitspielt und noch genügend Kondition vorhanden ist, sollte man unbedingt einen 20-minütigen Abstecher ostwärts auf den Aussichtsgipfel Basslerjoch (2829 m) machen. In der Scharte »Schrimmennieder« hängt oft bis in den Frühsommer hinein eine Wächte. Rechter Hand, im Sinne des Abstieges zur Regensburger Hütte, wurden deshalb in den Felsen Drahtseile verankert, um diese gefährliche Stelle zu entschärfen. Bei uns ist es heute so neblig, dass sich einige aus der Gruppe von der roten Markierung in den Felsen irreführen lassen, die eigentlich nur die Umgehungsmöglichkeit der Wächte anzeigt. Die Wächte ist aber gar nicht mehr da.

Die Neue Regensburger Hütte wurde auf einem romantischen Platz errichtet – in Kurven schlängelt sich der Falbeson-Bach durch sumpfige Böden, die im Spätsommer mit Wollgras übersät sind. Im hintersten Talkessel lauert eine der Schlüsselstellen der Route und man tut gut daran, sich beim Hüttenwirt nach den Bedingungen, die am Übergang »Grawagrubennieder« herrschen, zu erkundigen. So mancher Unerfahrene steigt hier lieber ins Tal ab und fährt mit dem Bus zur Liftstation »Mutterbergalm«. Oft genug liegt Alt- oder Neuschnee im exponierten Übergang, und bei viel Schnee können die im Schnee begrabenen Drahtseile auch nicht mehr helfen. Gerade im Frühsommer ist daher ein kleiner Eispickel empfehlenswert. Die Tagesetappe ist auf jeden Fall anstrengend und anspruchsvoll! Trotzdem genießen wir den prächtigen Ausblick auf den Stubaier Hauptkamm mit Zuckerhütl und Trabanten, machen an den vielen kleinen Bächen immer wieder eine Pause und scheuen auch die 80 Höhenmeter extra nicht, die uns hinauf zum Mutterberger See führen. Wir bleiben mehrere Stunden und kühlen unsere beanspruchten Füße im See. Der Weiterweg zur Dresdner Hütte ist problemlos und hier an diesem Bergsee ist es gewiss schöner als unter dem schattigen Egesengrat. Auch die Liftanlage wirkt nicht berauschend, bietet aber den Vorteil, dass die Route hier problemlos abgebrochen werden kann.

Rechts: Edelweiß in
den Alpeiner Bergen

Unten: Wasserfall am Alpeiner Ferner

Diesen Vorteil genießen übrigens fast alle Teilabschnitte der Route. Alle freuen sich am nächsten Tag auf den Großen Trögler (2902 m), diesen Parade-Aussichtsberg hautnah unter der eindrucksvollen Gletscherkulisse rund um das Zuckerhütl. Angenehm kühl ist es morgens in der Schattenseite des Berges; nach etwa 20 Minuten Wegstrecke kann jeder selbst entscheiden, ob er den schnellen Weg über das Peiljoch nimmt, oder ob er fit genug ist für den kleinen Umweg auf den Großen Trögler. Für uns ist dieser Gipfel ein Muss. Er bietet alles, was das Herz begehrt: ein Gipfelkreuz, Rundblick, Ausblick und gemütliche Sitzmöglichkeit. Vorsicht ist bei Nässe geboten, da der Abstiegsweg zur Sulzenauhütte durch extrem steile Grashänge führt. Nach einem gemütlichen Aufenthalt auf der Sulzenauhütte, in der man selbstverständlich auch übernachten kann, versüßen einige kleine Bergseen den Aufstieg hinauf zum Übergang des Niederl. Fleißige können auch über das Schafgrübl gehen und die Mairspitze (2781 m) mitnehmen. Apropos Schafe: Unser Freund Hans Träthner wurde hier beim Abstieg zur Nürnberger Hütte von einigen Schafen verfolgt, die liebend gerne seinen salzigen Schweiß abgeschleckt hätten. Nicht einmal die kleine, felsige Stelle, die mit Drahtseilen versichert ist, konnte die salzhungrigen Tiere stoppen. Hans rannte deshalb zur nahen Hütte und wähnte sich in der Gaststube in Sicherheit, als die Viecher plötzlich blökend einbrachen, um weiter Jagd auf ihn zu machen – sehr zum Vergnügen des Wirtes und der übrigen Gäste der Nürnberger Hütte.

Am nächsten Tag kommen wir am Grüble vorbei – die Einheimischen nennen diesen mit lieblichen kleinen Seen und zahl-

Die Bremer Hütte ist ein wichtiger Stützpunkt am Stubaier Höhenweg.

Rechts: Alpeiner Bach hinter der Franz-Senn-Hütte

Unten: Innsbrucker Hütte am Fuß des Habicht

losen Blumen geschmückten Platz »Paradies«, was leicht zu begreifen ist! Vorsicht geboten ist beim Übergang des Simmingjöchl. Auf beiden Seiten sichern Drahtseile ausgesetzte Passagen über abschüssige Felsplatten. Die Einzeletappe ist an sich nicht sehr anstrengend und wer den zweiten Grad beherrscht, sollte es nicht versäumen, einen Abstecher auf die Innere Wetterspitze zu machen, von der man einen traumhaften Ausblick auf die Feuersteine hat. Der mit Farbklecksen und Steinmännchen markierte Weg ist gut zu finden, erfordert aber gerade bei Nässe höchste Vorsicht an den abschüssigen Felsplatten. Ein weiterer, eindrucksvoller Abstecher führt vom Simmingjöchl südwärts über geschliffene Felsplatten Richtung Feuersteine zu einem riesigen Gletschertor, das noch dazu einen kleinen See bildet, der in allen Grün- und Blautönen schimmert.

Für den nächsten Tag sollte man gut ausgeruht sein – ein Rasttag auf der schön gelegenen Bremer Hütte kann also auf keinen Fall schaden. Der Weg zur Innsbrucker Hütte führt dreimal zwischen 200 und 300 Höhenmeter bergauf und bergab, und wartet zudem in der Wasenwand mit einer Schlüsselstelle auf, die aber – Gott sei Dank – vorsorglich durch neue Drahtseile entschärft worden ist. Trotzdem – die Steilheit ist geblieben und Kinder sollten hier unbedingt an eine Reepschnur genommen werden. An der Pramarnspitze ist der schwierigste Teil und die Hälfte des Weges geschafft. Auf der Innsbrucker Hütte angekommen kann man einen Abstecher zum nahen See machen. Die Hütte wurde bereits 1884 vom Innsbrucker Touristenclub als eine der ersten Alpenvereinshütten erbaut – damals war der Weg von Innsbruck zum Habicht (3277 m) noch eine richtige Expedition, heute haben wir die Gelegenheit, einen der schönsten Berge der Alpen im Vorüberspazieren mitzunehmen. Es ist natürlich kein Honiglecken, wenn man die ganze Rundwanderung schon in den Knochen und Muskeln spürt, noch einmal 1000 Höhenmeter extra dazuzulegen. Aber vergleichen wir den Höhenweg doch mit einer Trekkingtour in Nepal, bei der man eben auch 10 bis 20 Tage unterwegs ist. Für den Stubaier Höhenweg genügen 10 Tage, aber die Anforderungen sind mit 120 Kilometern Länge und über 8000 Höhenmetern leicht einem Himalayatrek gleichzusetzen. Dass die ganze Runde an einem Tag (19,5 Std.) zu schaffen ist, hat schon vor über 20 Jahren der damals 17-jährige Stubaier Gotthard Stern gezeigt! Von der Schlicker Alm ist er die ganze Route (ohne Abstecher) durchmarschiert, und musste zum Schluss wieder zur Schlicker Alm aufsteigen.

Der Abstieg durch das Pinnistal nach Neustift ist einfach, eigentlich zu einfach. Wer von der Karalm noch 300 Höhenmeter aufsteigt, kann den Panoramaweg zur Elferhütte hinausspazieren. Von hier hat man ausgezeichnete Einblicke auf die gegenüberliegenden Wände des Serleskammes. Auf der Elferhütte kann man ruhigen Gewissens die Rundwanderung feiern. Nach wenigen Kehren hat man die Bergstation des Elferliftes erreicht und spart sich dadurch den langwierigen Abstieg nach Neustift.

Rechts: Beim Aufstieg von der Nürnberger Hütte zum Simmingjöchl kommt man am »Paradies« vorbei.

Links oben: Hohes Moos nahe der Neuen Regensburger Hütte

Unten: Alpenrosen vor der Starkenburger Hütte, Blick auf die Alpeiner Berge

Links: Panoramaweg am Elfer, Blick auf die
Kirchdachspitze und die Jlmspitzen, Serleskamm

Unten: Grünausee vor dem Wilden Freiger

Die Leute am Gipfel des Großen Trögler blicken über den Sulzenauferner auf die kleine Haube des Zuckerhütl; links der Wilde Freiger, in der Bildmitte der Wilde Pfaff.

Wasserfall in der Wilden Grube im hintersten Stubaital

Unten: Sonnenaufgang am Habicht

Rechts: Blick von einem Gletscherschliff unterhalb der Bremer Hütte auf den Habicht

Bischof Reinhold Stecher

# Die Weite

Wenn an einem Herbstmorgen auf dem Habicht der Blick die große Runde antritt, von der Zugspitze zum Steinernen Meer, vom Dachstein zum Großglockner, vom Triglav zur Pala und vom Rosengarten zur Wildspitze, und wenn bei diesem Kreisen der Himmel vom Schwarzblau der Nacht über das Rosa des Morgens bis zum Gold der steigenden Sonne alle Farben spielt, während die Täler, die Dörfer und die Stadt noch im Dunkeln dämmern, aus dem die letzten verschlafenen Lichter heraufblitzen – dann versteht man ein Psalmwort ganz neu:

»Du hast mich herausgeführt ins Weite …«
Denn die Weite tut uns gut.

Was nämlich die geistige Grundeinstellung betrifft, so gleichen wir Menschen dieses Zeitalters einem Fotografen, der mit seiner Kamera auf der Jagd nach dem Vordergrund ist, nach Staubgefäßen und Spinnenbeinen, nach Tautropfen und Gräsern. Dazu muss er die Optik seiner Kamera auf »nah« drehen, damit er das Gewünschte ins Blickfeld kriegt. Wir drehen auch die Optik unseres Geistes auf »nah«, wir konzentrieren uns auf Vordergrund.

Oder wie soll man das anders nennen, wenn zum Beispiel ein einseitiges wissenschaftliches Denken nur das gelten lässt, was chemische Analysen und physikalische Geräte sagen und was man mathematisch exakt ausdrücken kann? Wenn nur das Messbare gilt und die vielen anderen unmessbaren Wirklichkeiten, die das Leben tragen, außer Acht bleiben? Oder wenn man sich ausschließlich für das Nützliche, Praktische und Gewinnbringende interessiert, wie es Technik und Geschäft natürlich tun? Es ist Jagd nach dem Vordergrund, wenn wir in einer Wohlstandsmentalität nur das Genussreiche und Bequeme anpeilen. Und in die gleiche Kerbe schlägt die allgegenwärtige Reklame, die schnelle Autos, Suppenpulver und Schönheitscremen zu lebenserfüllenden Glücksgütern hochjubelt.

Der Alltag, in den wir eingespannt sind, drängt sich sowieso mit unzähligen Belanglosigkeiten in den Vordergrund.

Wir starren gebannt auf das Unwichtigere, Genussreiche, Vorteilhafte, Modische, Belanglose, Nützliche, Praktische, Messbare und »Exakte«. Und damit drehen wir die Optik unseres Herzens auf »nah«. Und nun ergeht es uns bei dieser Optikeinstellung ganz gleich wie dem Fotografen auf der Jagd nach dem winzigen Detail: Sobald er den Vordergrund, den kleinen Schmetterling, mit dem Drehen der Optik ins Visier bekommt, verschwinden die Hintergründe. Wiesen, Wälder, Berge und Wolken werden zu undeutlichen, verschwimmenden Farbflecken. Die Horizonte lösen sich auf, die Hintergründe gehen verloren. Wenn Herz und Geist nur auf »nah« drehen, schwinden die tragenden Werte und Wahrheiten des Lebens. Wir werden im bedrückendsten Sinn des Wortes Kurzsichtige.

Und darum tut uns die Weite so gut.

Der Morgen auf dem Habicht wischt einmal alle kleinen Dinge weg, Prüfungsstoff und Bilanzen, Akten und Ärger mit dem Nachbarn, Modediktat und Statussymbol. Im überwältigenden Rundblick wird uns bewusst, dass wir Menschen von Zeit zu Zeit an der Optik des Herzens drehen müssen, bis im Bild wieder die großen Konturen der Lebenslandschaft auftauchen, ja dass wir bis dorthin drehen müssen, wo auf der Skala des Fotoapparates der liegende Achter sichtbar wird, das Zeichen für »unendlich«…

Links: Der mächtige Klotz des Habicht ragt weit aus dem Nebelmeer.

Unten: Blick vom Habicht auf die Feuersteine und den Wilden Freiger

Seite 134/135: Unterhalb der Mairspitze liegen mehrere kleine Bergseen, Blick auf den Wilden Freiger.

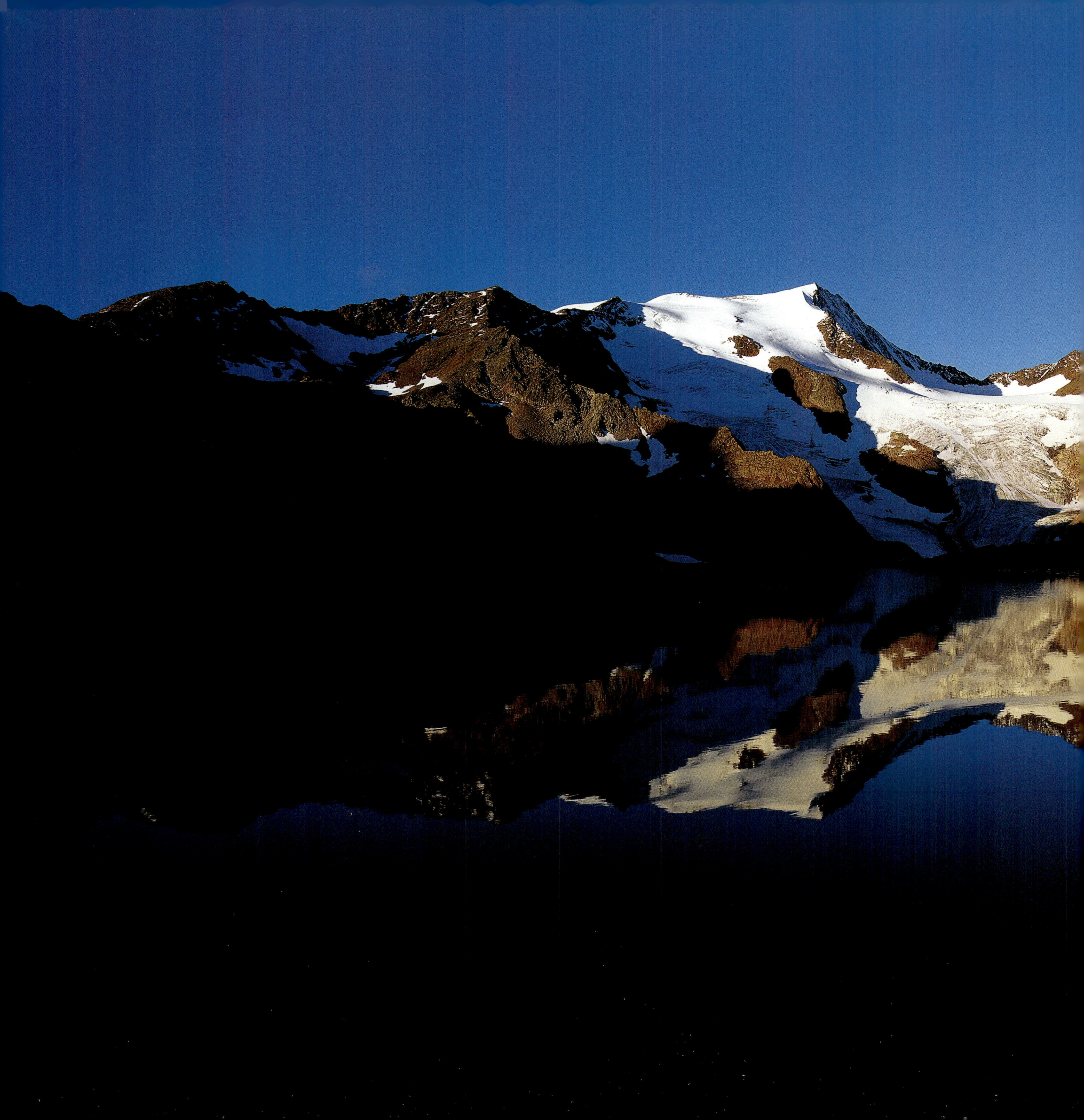

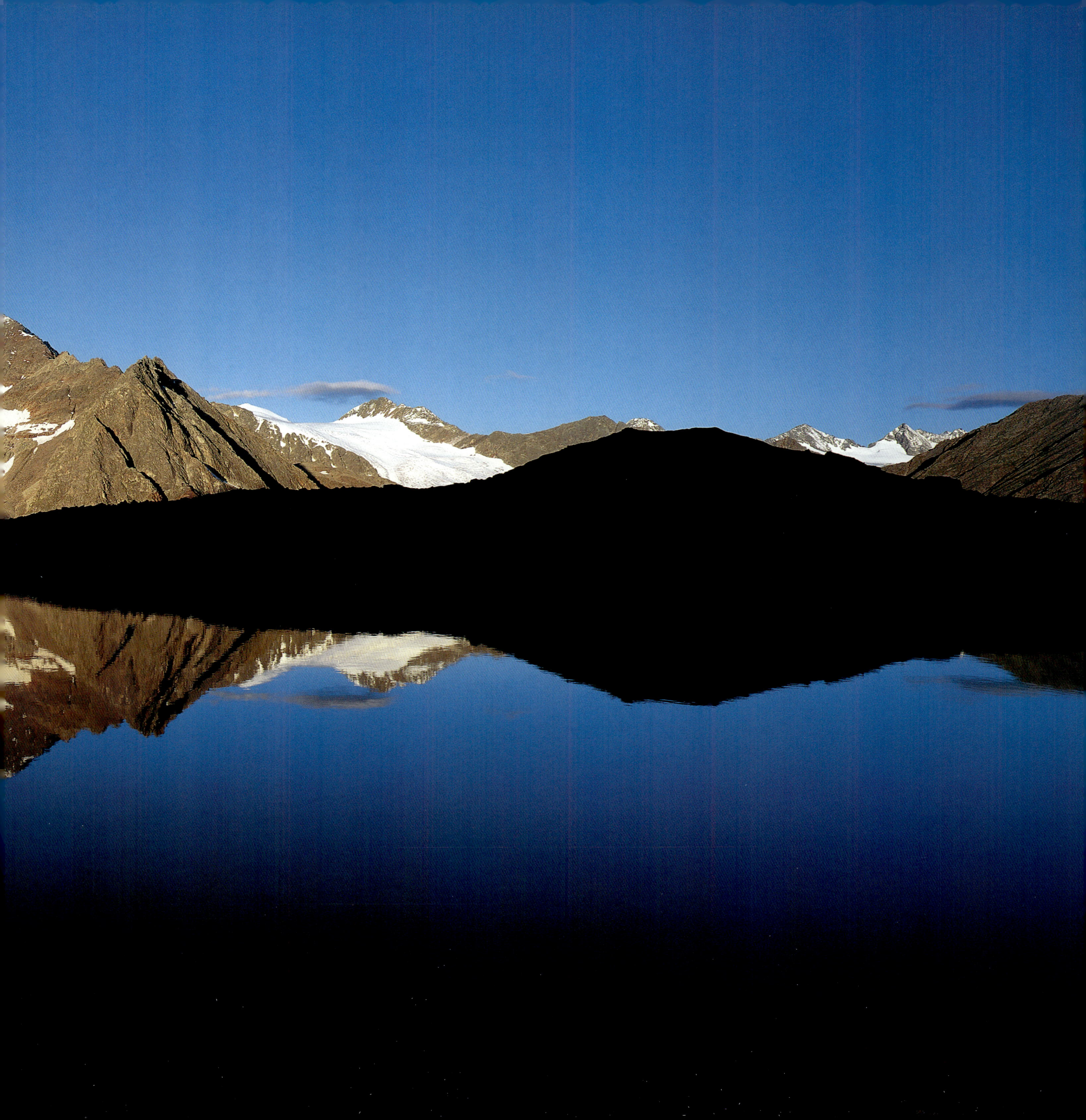

Der Elfer-Klettersteig führt durch ein Labyrinth aus Türmen auf diese ausgesetzte Nadel.

Heinz Zak

# Klettersteige mit Rundum-Panorama

Gut verteilt in den verschiedenen Bergketten über dem Stubaital finden wir eine Reihe von anspruchsvollen Klettersteigen, die einiges gemeinsam haben: Sie sind exzellent angelegt, überzeugen durch originelle Routenführung in steilem Fels und führen auf wunderbare Aussichtsberge.

## Elferspitze – Dolomitenartige Felsszenerie

Mit dem Elferlift überwinden wir mühelos die ersten Höhenmeter. Obwohl wir hier eine schöne Aussicht auf das Stubaital und die Kalkkögel hätten, sind wir gefesselt von dem kunterbunten Treiben auf der Skipiste und dem breiten Serpentinenweg zur Elferhütte, den wir mit Ausflüglern aller Kontinente teilen, Japanern mit Krawatte, zwei leicht bekleideten Französinnen mit Stöckelschuhen und Duftwolke – ja jetzt verstehe ich, warum meine Kletterfreunde Benni und Elmar auf ihre alten Tage hin noch Bergführer werden wollen! Auf der Skipiste ist auch im Sommer »Action« angesagt: Bunte Gleitschirme wachsen überall wie Schwammerln aus der Wiese und verschwinden mit ihren Anhängseln alsbald in der Luft. In einem Steilhang kämpft eine Halbschuhtouristin mit der Höhenangst. Sie rutscht die gefährliche Stelle lieber auf dem Hosenboden in die gähnende Tiefe – dass neben ihr eine Kuh steht, bemerkt sie nicht! Aber seit wir eine gute Woche zuvor gesehen haben, wie sich eine Wandergruppe über einen mittelsteilen Grashang abgeseilt hat, sind wir durch nichts mehr zu erschüttern – oder doch? In dem Moment, als wir bei der Elferhütte um die letzte Kurve biegen und plötzlich mitten im Schnitzelduft unter hungrigen Gästen stehen, plärrt es aus einem Lautsprecher »Cheeseburger« – na Mahlzeit! Und da sage jemand, Felix Mitterers Geschichten aus der Piefke-Saga wären erfunden. Hinauf Richtung Elfer, die wirklich einladende Terrasse der Elferhütte – ohne Ironie – hinter uns lassend, treffen wir plötzlich nur mehr »Bergler« und, als wir beim Schild »Klettersteig« abbiegen, sind wir auf einmal allein. Erst am Einstieg treffen wir auf zwei Italiener. Eigentlich hatte ich mir gedacht, dass die Zunft der Klettersteiggeher modisch elegant und mit nigelnagelneuem Klettersteigset antreten und abends das Sicherheitsgebetbuch von Pit Schubert auf dem Nachtkästchen haben würde – weit gefehlt, Freunde! Einer der Italiener jedenfalls ist mit zwei starren 5 mm Reepschnüren ausgerüstet, der andere zieht seine Karabiner ca. zwei Meter unter den Füßen hinterher – auf Fußhöhe ist die Klettersteigbremse zwecklos ins Seil geknotet. Eigentlich wollte ich nichts sagen, weil ich dachte, beide wären vielleicht erfahrene Klettersteiggeher, die die Ausrüstung nur pro forma mitschleppen würden. Als der erste bereits bei der ersten Leiter im Kleinkrieg mit Sprossen und Drahtseil liegt, erlaube ich mir, auf die mangelhafte Sicherung aufmerksam zu machen – sie bedanken sich freundlich und kämpfen weiter!

Der Spuk ist bald vergessen und wir treffen für den Rest des Tages nur noch eine weitere Seilschaft. Wir genießen den spielerisch durch das Labyrinth der Elfertürme führenden Klettersteig. Es ist einiges an Abwechslung am Steig geboten: kurze Steilaufschwünge, ausgesetzte Schluchtquergänge, ein enger Kamin und dann der luftige Abstecher auf einen der Türme. Die Felsentürme

*Am Ilmspitz-Klettersteig*

erinnern an eine Spielwiese für Abenteurer. Sie stehen im Mittelpunkt eines einzigartigen Rundblickes auf die Stubaier Alpen. Serleskamm, der mächtige Habicht, die Gipfel um das Zuckerhütl, sowie der Kamm der Ruderhofspitze und die Kalkkögel – alle scheinen im Licht dieses extraklaren Herbsttages ganz nahe zu liegen! Auf dem Weg von den Elfertürmen auf die Elferspitze fehlt das Drahtseil! Eisentritte und Griffe sind zwar vorhanden, die nötige Sicherheit ist aber nur bedingt gewährleistet. Sauberes Gehen und Greifen sind gefragt und können dank der ideal gesetzten Eisenklammern problemlos geübt werden. Die Elferspitze ist bald erreicht. Noch mehr Aussicht und die gewaltige Nordflanke des Habicht zum Greifen nahe – was für ein Koloss von einem Berg! Wir überschreiten den Kamm Richtung Zwölfernieder und steigen ab zur Karalm ins Pinnistal, wo wir auf der gemütlichen Terrasse ausgiebig rasten – schließlich ist der Aufstieg zur Innsbrucker Hütte nicht mehr so anstrengend und unsere Zimmer bereits reserviert. Im schönsten Abendlicht liegt die Kathedrale der Ilmspitze während des gesamten Aufstieges direkt über uns; wir freuen uns auf diesen Gipfel. Auf der Innsbrucker Hütte verwöhnen uns Marlene und Franz Egger. Es tut gut zu sehen, dass den beiden trotz der fortgeschrittenen Saison die Arbeit auf der Hütte offensichtlich gefällt. Marlene ist seit ihrem dritten Lebensjahr nun seit über 30 Sommern auf der Hütte, vielleicht strahlt sie deshalb solch eine Ruhe aus – ins Tal geht sie erst, wenn sie die Hütte im Herbst wieder zusperren.

Beide Bilder entstanden am
Ilmspitz-Klettersteig

## Ilmspitze – Intelligent und kaum übertreffbar

Nach der Überschreitung der Kalkwand stehen wir am Fuß des Südgrates der Ilmspitze. Unsere Erwartungen sind geteilt. Einerseits können wir uns nicht vorstellen, wo über diese Steilwand ein Klettersteig ziehen soll, und andrerseits glauben wir, dass nach einer halben Stunde ohnehin alles vorbei sein müsste – jedenfalls schaut die Wand recht kurz aus. Uns fällt sofort auf, dass der Klettersteig von jemandem eingerichtet wurde, der sich nicht nur gut am Berg auskennt, sondern auch die Fähigkeit besitzt, seine Erfahrung umzusetzen. Wir sind höchst positiv überrascht. Die Klammern sind genau dort, wo sie hingehören, und überall dort wo keine ist, bietet ein überraschend guter Tritt den gleichen Komfort. Raffiniert führt der Steig über die ausgesetzte Wand, zieht elegante Schleifen und Quergänge um allzu steile Passagen. Auch in der Wegführung bekommen die Einrichter von uns eine Eins! Wir haben Spaß und sind erstaunt über die ständig wechselnden Ausblicke: einmal ins Pinnistal mit dem mächtigen Habicht und dann wieder hinunter ins Gschnitztal mit dem Blick auf die Tribulaune sowie auf die Zillertaler Alpen mit dem eindrucksvollen Dreigestirn Olperer, Schrammacher und Sagwand. Über tiefe Schluchten und durch senkrechte Felswände hindurch schlängelt sich der Steig entlang gut gangbarer Schichtbänder in Richtung Gipfel. Nach einem ausgesetzten Spreizschritt über eine tiefe Schlucht und einem von einem Klemmblock überdachten Kamin stehen wir unverhofft auf diesem exponierten, traumhaften Aussichtsberg. Nach dem Abstieg rasten wir auf der einladenden

*Blick vom Gipfel der Innersten Ilmspitze auf das Gschnitztal*

Wiese am Fuß des Klettersteiges und steigen dann über Schotterreißen direkt ab zur Karalm und weiter zur Pinnisalm, in die uns diesmal der Einkehrschwung führt. Der fünf Kilometer lange Rückweg auf der Schotterstraße nach Neustift ist ja nicht zu verfehlen. Wer dazu keine Lust mehr hat oder zu müde ist, kann von der Alm mit dem Taxi nach Neder fahren.

Anspruchsvoller Einstieg am
Klettersteig auf die Große
Ochsenwand

## Große Ochsenwand – Unterwegs in alpinem Gelände

»Nordtiroler Dolomiten« werden die schrumpeligen Felsgestalten der »Kalkkögel« immer wieder genannt. Wo sie am höchsten und die Felsgestalten am eindrucksvollsten sind, vermittelt ein anspruchsvoller Klettersteig außergewöhnliche Einblicke in dieses Reich der Türme. Wer mit der Seilbahn der Schlickeralmbahn zur Gipfelstation fährt, geht zum Einstieg erstmal bergab und steigt dann über einen schmalen Steig auf zum markierten Fuß der Südkante. Es ist ein wunderschöner Tag und ich könnte vor Freude in die Hände klatschen, so schön ist es, wieder in den Bergen unterwegs zu sein, in denen ich mit dem Klettern begonnen habe. Es ist recht viel los und am Einstieg herrscht geschäftiges Treiben. Alle halten inne, als eine Frau schon nach drei Metern Klettersteig entkräftet in die Sicherung sinkt und laut »ich schaff das einfach nicht« schreit. Der stärkere Partner eilt zu Hilfe, schiebt und zieht sein bestes Stück über die überhängende Stelle, die von weiter weg gar nicht so steil aussieht. Das Gras der Rasenbänder und die oft relativ flache Wand könnten leicht über die hohen Anforderungen dieses Klettersteiges hinwegtäuschen. Immer wieder kommen senkrechte Aufschwünge, in denen einem Neuling sicher alles abverlangt wird. Zudem ist die Umgebung recht »alpin« – zumindest können leicht Steine, von Vorausgehenden abgetreten, auf einen herunterprasseln, was den Helm zur absoluten Pflichtausrüstung macht. Der Steig ist auch wesentlich länger als erwartet – 700 Höhenmeter bis zum Gipfel müssen eben erst geklettert werden. Da kommen einige ganz schön ins Schnaufen, andere hängen apathisch in den Seilen, sie sind offensichtlich überfordert. Am Gipfel, der eine wunderbare Aussicht auf Karwendel, Inntal und Stubaier bietet, ist die Route allerdings noch lange nicht vorbei. Steil führt der Klettersteig durch die brüchige Nordwand, wobei wir uns sogar an einigen lockeren Blöcken richtig festhalten müssen – eine Seilsicherung könnte hier für weniger Erfahrene nicht schaden. Kaum zu glauben, dass bei diesem Bruch so eigenwillige Felsgestalten wie der schlanke Fensterlturm oder der Langhaxnturm überleben konnten. Auf der Alpenklubscharte atmen einige so richtig auf. Der Abstieg zur Schlickeralm birgt keine Schwierigkeiten mehr. Auf der Terrasse der Alm dehnen wir unsere Rast gerade so lange aus, dass wir noch rechtzeitig die letzte Seilbahn von Froneben ins Tal erwischen.

*Einstiegswand beim Klettersteig*
*Ilmspitze*

## Fernau-Klettersteig – Sonnige Platten im Urgestein

Während wir mit der Gondel Richtung Dresdner Hütte schweben, begutachten wir die schrofigen Wände des Egesengrates. In einem rötlichen Braun fallen sie in vielen kleinen Pfeilern in die Fernau. Der plattige Fels steht in der Morgensonne und sieht überaus einladend aus. Etwas steiler und höher könnte er sein, denken wir beim Hinschauen – wir sollten uns aber täuschen. Im Urgestein sieht immer alles weniger hoch und weniger steil aus! Schon auf dem Weg zum Einstieg merken wir, dass wir uns verschätzt haben!

Der Klettersteig beginnt eher gemütlich: Über plattigen, aber gut gestuften Fels und mehrere kleine Gratrücken geht es zielstrebig nach oben. Immer wieder bieten kleine Absätze Platz und Zeit zum Verschnaufen. Vom ersten Meter weg fällt uns auf, dass dieser Klettersteig von einem außerordentlich kompetenten Team eingerichtet wurde. Ich jedenfalls habe noch keinen durchdachteren und sichereren Klettersteig gesehen. Die Drahtseilführung ist ideal gelegt, passt sich wunderbar dem Gelände an, berücksichtigt natürliche Felsstrukturen optimal und erlaubt einen gleichmäßigen Bewegungsfluss fast wie beim Klettern. Die Sicherheitsvorkehrungen sind ebenso gut durchdacht und sicher installiert.

Durch die ständige Richtungsänderung wechseln die Aus- und Einblicke in die nahen Berge des Hochstubai: Geht es rechts weiter, steht der mächtige Klotz der Ruderhofspitze genau hinter dem Steig. Eindrucksvoll ist auf dieser Seite auch der Tiefblick bis zur Mutterberger Alm. Linker Hand steht die Schaufelspitze unter dem glitzernden Stern der Sonne. Im Talkessel darunter liegen die Liftanlagen der Stubaier Gletscherbahn direkt neben der Dresdner Hütte. Im Sommerbetrieb geht es wesentlich ruhiger zu und trotz der räumlichen Nähe spürt man hier oben nichts vom Liftbetrieb. Nach einem engen Durchschlupf zieht der Klettersteig luftig über eine glatte Platte zu einer ausgesetzten Kante. An dieser fällt der Blick zwischen den Beinen hinunter bis zum Wandfuß. Wohl platzierte Eisenklammern und das besonders fette Drahtseil geben hier die nötige Sicherheit. Unverhofft endet der Steig nach einem Aufschwung. Über einen gut gangbaren Gratrücken zieht ein kleiner, mit Steinmännchen gekennzeichneter Steig hinauf zum Gipfel des Egesengrates. Die weichen Rasenpolster versprechen nicht zu viel. Wir werfen uns darauf und lassen uns inmitten eines großartigen Bergrundblickes die Sonne auf den Bauch scheinen.

Unten: Luftige Kletterei am Klettersteig Fernau
nahe der Dresdner Hütte

Oben links: Herbstlicher Waldboden am
Kreuzjoch in der Schlick

Oben rechts: Lärchen im Oberbergtal

Links: Serles mit Lärchen

Bergwald im Pinnistal

Ganz oben: Kleine Füchse auf einer Alpen-Kratzdistel

Oben links: Frühlings-Enzian (Schusternagele)

Rechts: Stengelloses Leinkraut mit Margeriten

Links: Fetthennen-Steinbrech mit der Kleinen Glockenblume unterhalb des Wannenkarsees im Windachtal

Unten: Alpenrosen in der Schlick

Ganz unten: Üppige Bergwiesen mit Rauhem Löwenzahn nahe dem Großen Schwarzsee, Botzergruppe

Ablauf des Kraspesferner,
Südwestliche Sellrainer Berge

Rechts oben:
Blick auf die Schaufelspitze von
der Wilden Grube aus

Unten links:
Grawawasserfall im Stubaital

Unten rechts:
Abfluss des Mutterberger Sees,
Hinteres Stubaital

Blick vom Wilden Pfaff Richtung
Süden über den Scheiblehnkogel in die
Ötztaler Alpen

Blick vom Patscherkofel auf die Serles und den Habicht, über dem gerade der Vollmond untergeht.

Vollmond über dem Habicht

Heinz Zak

# Zauber einer Vollmondnacht

Im Winter ist der Mond besonders hell und stark. Er erfasst mich mit seiner magischen Anziehungskraft und zieht mich hinauf in die Berge, damit ich ihm näher bin. Im intensiven, unwirklichen Licht funkeln tausende Schneekristalle in der glasklaren Winternacht. Oft ist es totenstill, wenn der Mond groß und unbeirrt, hoch wie die Sonne im Sommer, seine Bahn über den blassen Sternenhimmel zieht und eigenartige Schatten in die Bergwelt wirft. Das Leben im Tal scheint weit entfernt und besonders vergänglich – nur hin und wieder blitzen Autolichter auf, nur schwach leuchten Straßenlaternen oder andere punktförmige Lichtquellen. Die Positionslichter der Flugzeuge sind auffälliger als die orangefarbenen Lichterketten weit draußen und drunten in den Tälern. Selbst der Lichtschein des Inntales, der in einer Neumondnacht weit die Berge überstrahlt, verblasst und verschwindet im fahlen Licht der vollen Mondscheibe.

Ich sitze einfach da, mache hin und wieder ein Bild und starre wie verzaubert in die runde Lichtscheibe. Auch wenn sich der Mond bewegt, scheint die Zeit still zu stehen, scheint die Flut der Gedanken zu verebben und sich einfach aufzulösen. In den ersten Stunden nach Sonnenuntergang ist es noch halbwegs warm. Später kommt meist ein kalter Wind auf, der mich immer wieder mit Schneeverfrachtungen belästigt hat. Irgendwann verkrieche ich mich dann tief in den Schlafsack, reibe mir Hände, Arme und Beine, versuche die gefühllosen Zehen mit einer Massage aufzuwärmen.

Nein, um die Zeit ist es mir nicht leid. Kaum etwas kann mich ärgern oder stören, ich nehme es einfach, wie es ist, und weiß, dass es kein Schaden ist, diese wunderbare Nacht nicht zu verschlafen, sondern sie in all ihren Facetten zu erleben.

Wenn sich die Farben des Mondes auflösen, wenn die fahlen Gelb-Töne sich in ein Graublau über den Bergen im Westen verwandeln, in das der Mond zunehmend eintaucht und langsam erlischt, steigen am östlichen Himmel gleichzeitig die Farben auf. In allen Nuancen von einem zarten Orange über ein Rosa und Violett umspannen sie den Himmel bis hin zu den versinkenden Blau-Grau-Tönen im Westen, die zunehmend auch vom Widerschein der weißfahlen Berge verdrängt werden. Farben in dieser Intensität kann ich nur hier erleben und vielleicht ist es diese beruhigende und gelassen machende Fülle in der Leere der Gedanken, die mich immer wieder hinaufzieht auf irgendeinen Gipfel.

In all den Jahren habe ich viel erfahren vom Mond, über seine Farben und Formen, wo er auf- und untergeht, und ich weiß auch, dass sich irgendwann, ungefähr eine Stunde nach Sonnenaufgang, der Wind verflüchtigen wird und die Sonne wärmende Strahlen aussenden wird.

Aber nicht jede Nacht ist wunderbar und so schön wie erwartet. Die kälteste Nacht verzitterte ich bei minus 25 Grad und steifem Wind im November 1991 auf meinem Lieblingsberg, dem Lisenser Fernerkogel. Meine Finger waren so gefühllos, dass ich morgens beim Fotografieren einfach die Glasmattscheibe meiner 9 x12 cm Fachkamera durchdrückte, weil ich sie nicht spürte.

In der Oster-Vollmondnacht 2002 am Gipfel der Ruderhofspitze zerrte der Wind die ganze Nacht so gemein an mir, dass mir für den Mond fast keine Zeit blieb. Wie betäubt saß ich am Morgen

Oben: Heinz Zak im Biwak auf dem Wilden Pfaff bei minus 20 Grad

Unten: Blick vom Wilden Pfaff auf das Stubaital

noch stundenlang am Gipfel. Ich war müde, fühlte mich ausgehöhlt und antriebslos. Nicht einmal die Tourengeher, die über die Südflanke aufgestiegen waren und jetzt auch am Gipfel im Wind standen, konnten mich aus dem Schlafsack locken. Erst nach 20 Stunden kroch ich aus dem Schlafsack, um nicht den Sonnenuntergang am Gipfel des Schrankogel zu versäumen.

Im Februar 2003 war ich vier Tage und Nächte hintereinander in den Bergen. Die erste Nacht verbrachte ich am Hafelekar im Karwendel, die nächsten zwei Tage und Nächte am Stubaier Gletscher. Als Krönung für die Vollmondnacht suchte ich mir den Gipfel des Wilden Pfaff aus. Absolut orange ging der Mond hinter den Zillertalern auf, wurde heller und die Nacht immer kälter – sie sollte die kälteste Nacht des Winters werden. Anfangs war es wunderbar ruhig und friedlich, später kam der lästige Wind mit erbarmungsloser Kälte, so dass ich die Nacht teils kniend, teils seitlich liegend verbrachte und mir andauernd Füße, Beine oder Arme rieb. Ich freute mich dennoch, hier zu sein. Der Morgen bescherte mir ein Feuerwerk an Farben, das ich mit meiner Kamera einfing. Während des Fotografierens kam ich mit dem Fingerreiben in Verzug – ich spürte die Finger nicht mehr. Als das Feuerwerk vorbei und der Mond untergegangen war und die Finger langsam unter Schmerzen auftauten, kam ich zurück in diese Welt. Gott sei Dank hatte ich mir nur leichte Erfrierungen zugezogen. Ein geschwollener Daumen und die sich von den Fingerspitzen lösende Haut waren bald vergessen, die einmalige Nacht dort oben werde ich nie vergessen und ich freue mich, dass mir die Bilder davon eine Gedankenstütze bleiben werden.

Erstes Morgenlicht am Zuckerhütl,
Blick in die Ötztaler Alpen

Links: Der einsame Wannenkarsee über dem Windachtal bietet wunderbare Ausblicke auf den Westlichen Hauptkamm.

Rechts: Vielmals habe ich den Rinnensee über der Franz-Senn-Hütte besucht. Jedesmal zeigte er sich in einer einzigartigen Stimmung.

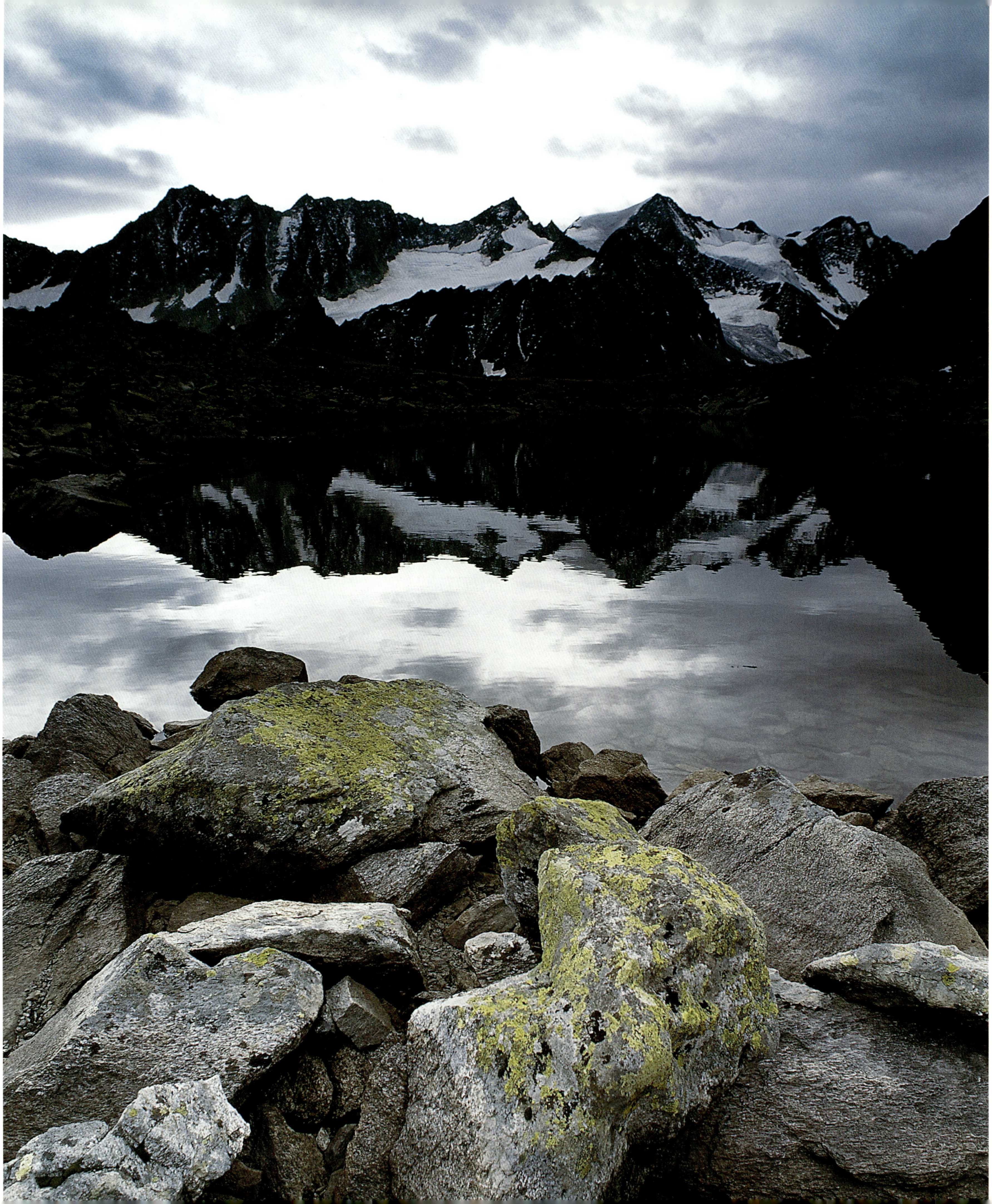

Kein Trick – Margeriten und
Moos am Wannenkarsee über
dem Windachtal

Am Weg vom Windachtal zum Wannenkarsee
kommt man an diesem kleinen Bergbach vorbei.
Die kleine Idylle ist absolut natürlich.

Windacher Ferner, Westlicher Hauptkamm

Der Übeltalferner unter dem Botzer ist der mächtigste Gletscher in den Stubaier Alpen.

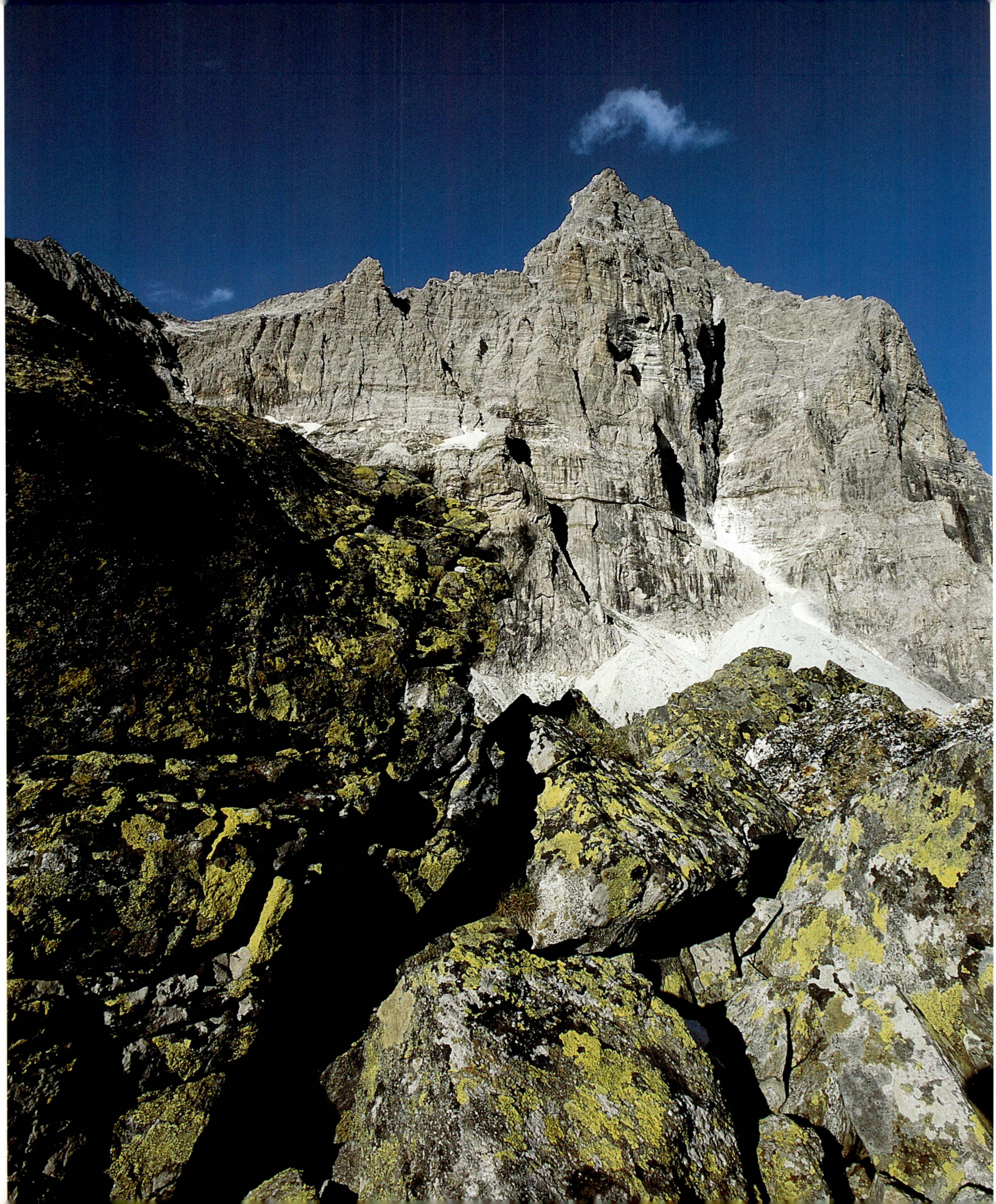

Links: Spannender Gegensatz zwischen den Urgesteinsblöcken nahe dem Sandessee und der Südwand des Pflerscher Tribulaun.

Unten: Daunkopfferner, Westlicher Hauptkamm

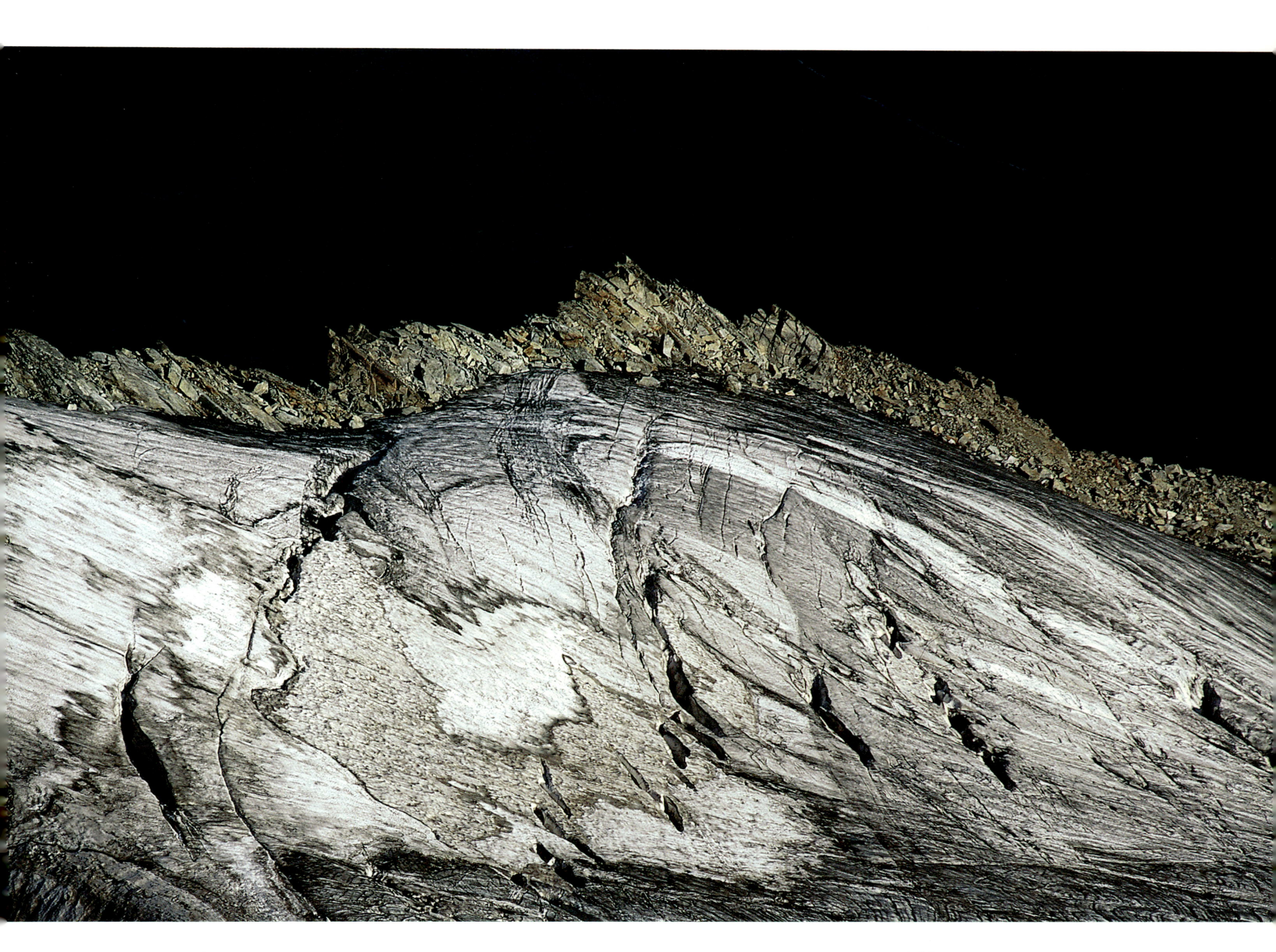

Eiskruste über dem Zirmbach
im Sellraintal

Im Mai zerbricht die Eisdecke am Mutterberger See, Blick auf Wilden Freiger, Wilden Pfaff und Zuckerhütl.

# Information

## Tourismusverbände

**Tourismusverband Stubai**
Bahnstr. 17/Kirchplatz, A-6166 Fulpmes
Tel. 0043/(0)5225/62235
E-Mail: info@stubai.at
Internet: www.tiscover.at/stubai

**Innsbruck Tourismus**
Burggraben 3, A-6020 Innsbruck
Tel. 0043/(0)512/598500
E-Mail: info@innsbruck.tvb.co.at
Internet: www.innsbruck-tourismus.com

**Tourismusverband Neustift im Stubaital**
Dorf 3, A-6167 Neustift
Tel. 0043/(0)5226/2228
E-Mail: tv.neustift@neustift.at
Internet: www.neustift.com

**Tourismusverband Kühtai**
Mag. Barbara Haid
Hausnr. 42, A-6183 Kühtai
Tel. 0043/(0)5239/5222
E-Mail: info@kuehtai.co.at
Internet: www.tiscover.at/kuehtai

**Tourismusverband Längenfeld**
Unterlängenfeld 81, A-6444 Längenfeld
Tel. 0043/(0)5253/5207
E-Mail: info@laengenfeld.com
Internet: www.laengenfeld.com

**Tourismusverband Ötztal Arena**
Rettenbach 466, A-6450 Sölden/Hochsölden
Tel. 0043/(0)5254/5100
E-Mail: info@soelden.com
Internet: www.tiscover.at/oetztal-arena

**Tourismusverband Wipptal**
Im Rathaus, Brennerstr. 67
A-6150 Steinach
Tel. 0043/(0)5272/6270
E-Mail: tourismus@wippregio.at
Internet: www.tiscover.at/steinach-trins-gschnitz

**Tourismusverband Sterzing**
Stadtplatz 3, I-39049 Sterzing
Tel. 0039/0472/765325
Internet: www.sterzing.com

## Bergführerbüros

**Bergführerbüro Stubaital**
Franz-Senn-Weg 14, A-6166 Fulpmes
Tel. 0043/(0)5225/63490
E-Mail: sepp@bergsteigen-stubaital.at
Internet: www.bergsteigen-stubaital.at

**Stubai Alpin Bergführerbüro**
Unterer Dorfplatz, A-6167 Neustift
Tel. 0043/(0)5226/3461 oder 2322
E-Mail: alpin@stubai.org
Internet: www.stubai.org/alpin

## Alpine Auskunft

Mündliche und schriftliche Auskunftserteilung in alpinen Angelegenheiten für Wanderer, Bergsteiger und Skitouristen:

**Deutscher Alpenverein**
Montag–Mittwoch 9–12 und 13–16 Uhr, Donnerstag 9–12 und 13–18 Uhr, Freitag 9–12 Uhr
Praterinsel 5, D-80538 München
Tel. 0049/(0)89/294940

**Österreichischer Alpenverein**
Donnerstag und Freitag 8–17 Uhr
Alpenvereinshaus, Wilhelm-Greil-Str. 15,
A-6020 Innsbruck
Tel. 0043/(0)512/59547

**Tirol Informationsdienst**
Montag–Freitag 9–12 Uhr
Wilhelm-Greil-Str. 17, A-6020 Innsbruck
Tel. 0043/(0)512/5320-175, Fax -174

**Alpenverein Südtirol**
Montag–Freitag 9–12 Uhr und 15–17 Uhr
Dr. Hansjörg Hager
Pfarrplatz 11, I-39100 Bozen
Tel. 0039/0471/999955

## Hütten

Die aktuellsten Informationen findet man unter der Homepage des Österreichischen Alpenvereins:
www.alpenverein.at

Adolf-Pichler-Hütte, Tel. 0043/(0)5238/53194
Alpengasthaus Pinnisalm, Tel. 0043/(0)676/6082864
Amberger Hütte, Tel. 0043/(0)5253/5605
Becherhaus, Tel. 0039/0472/656377
Bielefelder Hütte, Tel. 0043/(0)5252/6926
Bremer Hütte, Tel. 0043/(0)664/4605831
Brunnenkogelhaus, Tel.0043/(0)663/9154183
Dortmunder Hütte, Tel. 0043/(0)5239/5202
Dresdner Hütte, Tel. 0043/(0)5226/8112
Elferhütte, Tel. 0043/(0)5226/2818
Fiegl-Wirtshaus, Tel. 0043/(0)5254/5222
Fotscher Schihütte, Tel. 0043/(0)664/2245572
Franz-Senn-Hütte, Tel. 0043/(0)5226/2218
Grohmannhütte, Tel. 0039/0338/1609872
Guben-Schweinfurter-Hütte, Tel. 0043/(0)5255/5702
Hildesheimer Hütte, Tel. 0043/(0)5254/2300
Hochstubaihütte, Tel. 0043/(0)664/3587637
Innsbrucker Hütte, Tel. 0043/(0)5276/295
Kemater Alm, Tel. 0043/(0)664/9156634
Magdeburger Hütte (alte), Tel. 0039/0472/632472
Müllerhütte, Tel. 0039/0472/647373
Nürnberger Hütte, Tel. 0043/(0)5226/2492
Padasterjochhaus, Tel. 0043/(0)699/11175352
Peter-Anich-Hütte, Tel. 0043/(0)664/2108222
Pforzheimer Hütte (neue), Tel. 0043/(0)5236/521
Potsdamer Hütte, Tel. 0043/(0)5238/52060
Regensburger Hütte (neue), Tel. 0043/(0)5226/2520
Schlicker Alm, Tel. 0043/(0)5225/62409
Schneeberghütte, Tel 0039/0473/647045
Siegerlandhütte, Tel. 0043/(0)5254/2142
Spot Obernberg, Tel. 0043/(0)5274/87475
Starkenburger Hütte, Tel. 0043/(0)5226/2867
Sterzinger Haus, Tel. 0039/0472/765301
Sulzenauhütte, Tel. 0043/(0)5226/2432
Teplitzer Hütte, Tel. 0039/0472/766256
Tribulaunhütte (ital.), Tel. 0039/0472/632470
Tribulaunhütte (österr.), Tel. 0043/(0)664/4050951
Westfalenhaus, Tel. 0043/(0)5236/267
Wildeben, Gasthof, Tel. 0043/(0)663/059026
Winnebachseehütte, Tel. 0043/(0)5253/5197

Oben: Siegerlandhütte

Unten: Franz-Senn-Hütte

Seite 168: Heinz Zak balanciert am Ilmturm, Kalkkögel.

## Skigebiete

**Stubaier Gletscherbahn**
Talstation Mutterberg, A-6167 Neustift
Tel. 0043/(0)5226/8141,
Schneetelefon: -8151
E-Mail: info@stubaier-gletscher.com
Internet: www.stubaier-gletscher.com

**Elferlifte**
Postfach 2, A-6167 Neustift
Tel. (Talstation) 0043/(0)5226/2270
E-Mail: elfer@neustift.at
Internet: www.elfer.at

**Skizentrum Schlick 2000**
Dorfzentrum, A-6166 Fulpmes,
Tel. 0043/(0)5225/62270, Talstation -62321
E-Mail: info@schlick2000.at
Internet: www.schlick2000.at

## Literatur

**Klier, Walter:** Alpenvereinsführer Stubaier Alpen alpin. Bergverlag Rother, München 2002.
**Klier, Walter:** Rother Wanderführer Ötztal. Bergverlag Rother, München 1999.
**Klier, Walter:** Rother Wanderführer Rund um Innsbruck. Bergverlag Rother, München 2001.
**Klier, Walter:** Rother Wanderführer Stubai - Wipptal. Bergverlag Rother, München 2003.
**Orgler, Andreas:** Klettern in den Stubaier Alpen und im Valsertalkessel. Fels & Eis. Panico Alpinverlag, Köngen 1992.
**Weiss, Rudolf und Siegrun:** Rother Skiführer Brenner-Region. Bergverlag Rother, München 2003.
**Weiss, Rudolf und Siegrun:** Rother Skiführer Sellrain und Kühtai. Bergverlag Rother, München 2002.
**Werner, Paul:** Klettersteige Bayern – Vorarlberg – Tirol – Salzburg. Bergverlag Rother, München 1999.

## Karten

**Alpenvereinskarten 1:25.000:**
- Stubaier Alpen, Hochstubai, Nr. 31/1
- Stubaier Alpen, Sellrain, Nr. 31/2

**Freytag&Berndt-Wanderkarten 1:50.000:**
- Innsbruck-Stubai-Sellrain-Brenner, WK 241
- Ötztal-Pitztal-Kaunertal-Wildspitze, WK 251
- Sterzing-Jaufenpass-Brixen, WKS 4
- Passeiertal-Timmelsjoch-Jaufenpass, WKS 8

## Umschlagfotos

**Titelbild:**
Knapp unterhalb des Gipfels des Zwiselbacher Roßkogel liegt dieser kleine Bergsee, in dem sich die Südwestlichen Sellrainer Berge spiegeln.

**Umschlagrückseite:**
Sonnenuntergang über der Wilden Leck

**Vorsatz:**
Übersichtskarte (Angelika Zak)

## Fotonachweis

Sämtliche Fotos von Heinz Zak mit Ausnahme der Bilder von den Seiten 61 und 62 Archiv Hias Rebitsch, der Seite 68 Archiv Heinz Zak, den Seiten 79, 80, 82, 83, 85, 86, 87 Archiv Andreas Orgler

## Impressum

1. Auflage 2003
© Bergverlag Rother GmbH, München
Alle Rechte vorbehalten
ISBN 3-7633-7512-0
Gestaltung: Angelika Zak
Lektorat: Birgit Koenig
Reproduktion, Druck und Bindung:
Alpina Druck GmbH&CoKG, Innsbruck

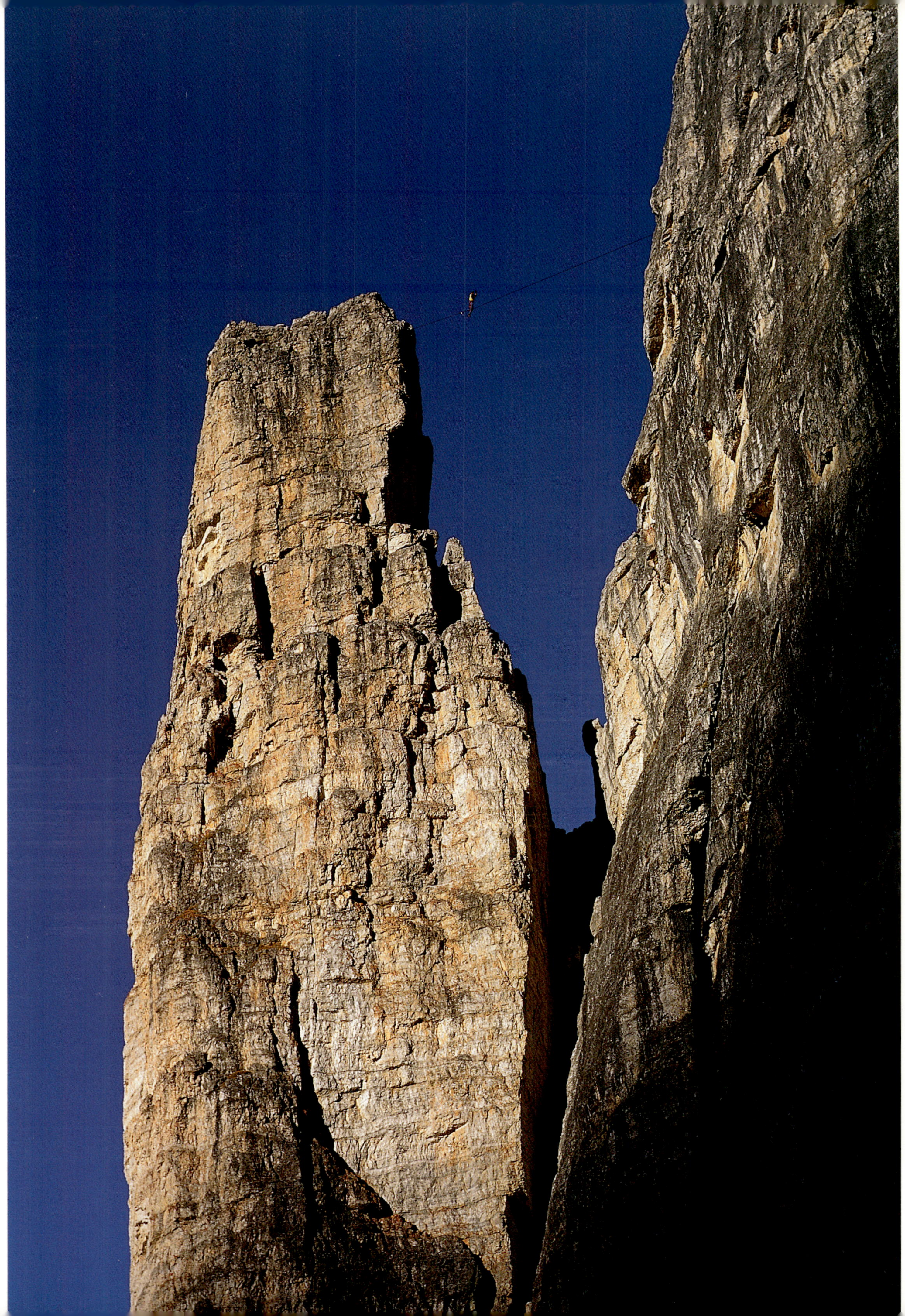